음저주는
우리서니미

10인의 작은 수공예숍 성공기

손재주로도 먹고삽니다

지은이	박은영 신정원
펴낸이	정규도
펴낸곳	황금시간
초판 1쇄 발행	2015년 4월 6일
초판 4쇄 발행	2016년 1월 29일
편집	이수빈 권명희
디자인	땡스북스 스튜디오 최보명
사진	정정호

황금시간
Golden Time

주소	경기도 파주시 문발로 211
전화	(02)736-2031(내선 361~362)
팩스	(02)732-2036
출판등록	제406-2007-00002호
공급처	(주)다락원
구입문의	전화: (02)736-2031(내선 250~252)
	팩스: (02)732-2037

Copyright ⓒ 2015, 박은영 신정원

저자 및 출판사의 허락 없이 이 책의 일부 또는 전부를 무단 복제·전재·발췌할 수 없습니다.
잘못된 책은 바꿔 드립니다.

값 14,500원
ISBN 978-89-92533-74-4 (13630)

http://www.darakwon.co.kr
· 다락원 홈페이지를 통해 주문하시면 자세한 정보와 함께 다양한 혜택을 받으실 수 있습니다.
· 기타 문의사항은 황금시간 편집부로 연락 주십시오.

손재주로도 먹고삽니다

10인의 작은 수공예숍 성공기

박은영·신정원 지음

황금시간

PROLOGUE

손재주 하나로 먹고살기를
꿈꾸는 이들에게

집에서 자주 사용하는 향초를 직접 만들어보기로 한 어느 날, 지인이 무심코 툭 내뱉은 한마디에 생각지도 못한 장사를 시작하게 되었습니다.
"향초 참 잘 만들었다. 꼭 가게에서 파는 물건 같아."
우연히 시작한 일이었지만 제대로 만들기 위해 무던히 애썼습니다. 이름을 짓고 로고를 디자인하고, 시장을 돌며 판매할 만한 곳을 물색했습니다. 요즘에는 페이스북, 인스타그램 등의 SNS와 플리마켓을 이용해 누구나 쉽게 직접 만든 물건을 팔 수 있는 시대잖아요. 시작은 어렵지 않았습니다. 평소보다 조금만 더 부지런히 움직이면 직장을 다니면서도 충분히 할 수 있었습니다.
그렇게 만반의 준비를 마치고 처음 플리마켓에 참여한 지난해 여름, 손재주 많은 이가 이렇게나 많은 줄 그제야 알았습니다. 굵은 실을 엮어 만든 팔찌, 패브릭 가방, 가죽 소품 등 종류도 참 다양했습니다. 솔직히 '이런 게 팔릴까?' 하는 것도 사람들이 재밌어하며 곧잘 사가는 게 신기했습니다.
저희는 어떻게 됐냐고요?

'지인 장사'를 마치고 나니 파리만 윙윙 날더라고요. 손수 만든 향초를 팔러 나온 사람들은 또 어찌나 많았는지요. 본전도 못 찾고 다시 작전을 짰습니다. 향기마다 이름 지어주기, 선물용 패키지 만들기, 페이스북 페이지 만들어 홍보하기 등 돈은 조금 들이면서도 당장 시작할 수 있는 일은 거의 시도해본 것 같습니다. 하지만 지금도 여전히 향초로 가득 채운 상자들은 방 한구석에서 나갈 생각을 안 합니다. 나름 손재주 좀 있다고 생각했는데, 취미로 하는 것과 장사는 확실히 다르긴 한가 봅니다. 밤새 손으로 직접 자르고 붙이며 준비했던 지난날이 주마등처럼 지나갑니다. '내가 무슨 부귀영화를 누리겠다고 쉬지도 못하고 이걸 만드나'를 입에 달고 살았었지요.

　처음 한 번은 잘 팔릴 수 있습니다. 아마 지금 당장 무언가를 만들어 팔겠다면 지인들이 관심의 표현이든 격려든 한 번쯤은 사줄 것입니다. 하지만 다음에도 과연 그럴까요? 이후에는 지인이 아닌 소비자로서 당신이 만든 물건을 바라볼 것입니다. 냉정하게 물건을 살피고 가격도 적당한지 따져보겠지요.

　이러한 시장의 냉혹함과 고된 노동을 이기고 손재주 하나만으로 밥벌이에 성공한 사람들이 있습니다. 손뜨개, 바느질, 나무 공예, 비누 만들기, 잼 만들기 등 취미를 넘어 직업으로 삼은 이들을 이 책에 소개했습니다. 자신의 손재주를 발견하고 좋아하는 일을 선택한 이들, 로망을 현실로 일군 사람들입니다.

뭐든 새로 시작하기 좋은 봄날
박은영, 신정원

CONTENTS

PROLOGUE
손재주 하나로 먹고살기를 꿈꾸는 이들에게　　　　　　　　　004

1 / 나는 무엇을 할 수 있을까?
손재주를 발견하고 발전시켰습니다　　　　　　　　　　　　010
핸드메이드 유아복 브랜드, 레미제이(한윤정)

2 / 언제 시작해야 할까?
회사에 다니며 배우기 시작했습니다　　　　　　　　　　　　030
가죽 공방, 심야공방(김호영)

3 / 모아둔 돈이 없어도 가게를 차릴 수 있을까?
창업 지원 프로그램을 활용했습니다　　　　　　　　　　　　048
양모펠트 인형 공방, 미튼스튜디오(이민종)

4 / 브랜드는 어떻게 만들어야 할까?
이름, 로고 디자인, 공간 구성까지　　　　　　　　　　　　　068
내 색깔을 드러냈습니다
향초 공방, 이본느모건(이명성)

5 / 나에게 맞는 공간은 어딜까?
번화가 옆 작은 골목을 찾았습니다　　　　　　　　　　　　　086
천연 비누 공방, 비뉴(송혜정)

6 / 공간 없이 시작할 수는 없을까?
집에서 온라인 숍으로 시작했습니다　　　　　　　　　　　　104
손뜨개 온라인 숍, 수작부리기(윤한샘)

7 / 나 혼자서 잘할 수 있을까?

가족과 함께, 동료와 함께 꿈을 키웠습니다   **124**

패브릭 리빙용품 브랜드, 땀리빙(이미정)

8 / 어떻게 운영해야 할까?

일인다역은 기본, 끈기와 인내로 버텼습니다   **142**

나무 소품 브랜드, 어거스트홀즈(김용식)

9 / 고정 매출을 확보할 방법은 없을까?

단계별 장기 클래스를 열었습니다   **162**

손뜨개 인형 공방, 미에라공방(김인영)

10 / 위기는 어떻게 극복해야 할까?

시행착오를 기회로 삼았습니다   **182**

잼 공방, 제나나(최채요)

LESSON 미래의 수공예숍 오너를 위한 스타트업 가이드   **202**

1 나만의 수공예숍을 열기까지
2 수공예를 배울 수 있는 교육기관
3 자본 규모별 수공예숍 유형
4 창업 지원 프로그램 제대로 노리기
5 내 가게와 딱 맞는 동네 찾기
6 나만의 브랜드 만드는 법
7 수공예숍 필수 등록 마스터하기
8 성공한 수공예숍 오너들의 홍보 노하우
9 플리마켓 판매 VS 편집매장 입점 판매

EPILOGUE

나도 한번 시작해볼까? / 뭐 해 먹고살지?   **222**

손재주 있단 소리 좀 들으며 자랐습니다.
하고 싶은 일을 하며 좀 더 행복하게 살고 싶습니다.
좋아하는 일로 먹고살 수 있을까 궁금합니다.

당신도 그런가요?

여기,
당신을 위한
이야기를 시작합니다.

나는 무엇을 할 수 있을까?

손재주를
발견하고
발전시켰습니다

핸드메이드 유아복 브랜드,
레미제이 | 한윤정

"사실 제가 만든 옷에 대해
자신이 없었습니다.
하지만 사람들의 관심과 칭찬이
손재주를 키우는 데 힘이 되었습니다.
직접 만들고 디자인하는 것을
두려워하지 마세요."

핸드메이드 유아복 브랜드, 레미제이

나의 수공예를 소개합니다
바느질(핸드메이드 유아복)

원단을 재단해 손바느질과 재봉으로 소품을 만든다. 무엇이든 만들 수 있지만 레미제이는 엄마들의 인기 창업 분야인 핸드메이드 유아복을 만든다. 가정용 재봉틀을 갖추고 재단 방법과 기본 바느질만 배우면 큰 작업 공간 없이도 쉽게 시작할 수 있다.

나의 수공예숍을 소개합니다
레미제이(Lemi. J)

스카프, 블루머, 원피스, 조끼 등 실용적으로 입을 수 있는 실내복 위주의 아이 옷을 만든다. 최근에 돌복이나 촬영용 옷을 찾는 이들이 많아지면서 레미제이의 디자인도 엄마들의 요구에 맞게 변하고 있다. 레미제이(Lemi.J)는 아들의 세례명인 '레미 지오'를 뜻한다.

형태	블로그를 통한 주문제작 판매
오픈	2013년 4월
개업 자금	약 150만 원
자금 조달 방법	저축해둔 비상금
주 고객층	20~30대 아기 엄마
월 매출	200만~300만 원
전화	010-6800-7040
블로그	blog.naver.com/jjung7040

나를 소개합니다

한윤정(33)

건축을 전공하고 건축설계 회사에서 약 5년간 일했다. 출산 후 아이를 돌보기 위해 직장을 그만두었지만 일에 대한 미련이 계속 남았다. 서른이 될 때까지 몰랐던 디자인 감각, 꼼꼼한 재봉 실력을 우연히 발견해 아이 옷을 만들어 팔게 되었다.

내가 할 수 있는 일을 찾아서

일과 육아. 대한민국 여성이라면 태반이 마주하게 될 쉽지 않은 선택의 기로. 당신은 어떤 결정을 하게 될까? 처음부터 육아에 전념하는 사람도 있고 커리어나 경제적인 이유로 일을 택하기도 한다. 하지만 일을 해도 월급은 고스란히 보육비로 나간다. 부모님께 맡길 수 있는 처지라면 그나마 다행이지만 결국 많은 여성이 아이가 눈에 밟혀 직장을 그만두곤 한다.

핸드메이드 유아복 브랜드 '레미제이'를 운영하는 한윤정 씨도 매정한 현실에 부닥쳤다. 건축설계 회사에서 5년간 일했지만 출산과 함께 일을 그만둘 수밖에 없었다. 건축업은 야근 많기로 알아주는 분야 아닌가. 출산휴가가 끝나고 회사로 돌아가더라도 저녁 7시면 문을 닫는 보육원의 시간에 맞춰 퇴근할 자신이 없었다. 양가 부모님께 맡길 여건도 되지 않아 어쩔 수 없이 아까운 경력을 접고 전업주부가 되었다. 그때 나이 스물여섯, 자신이 너무나 무력하게 느껴졌다.

다행히 아이가 네 살이 되고 유아원에 다니면서 시간적 여유가 조금 생기기 시작했다. 다시 일을 하고 싶었지만 직장으로 돌아가기란 쉽지 않았고, 아이를 돌보며 할 수 있는 일이 무엇일까 고민했다. 남대문 도매상가에서 유아복을 구입해 블로그에서 판매하는 일이 떠올랐다. 당시 블로그에서 유아복을 판매하는 엄마들이 꽤 있었는데 수입이 제법 쏠쏠해 보였다. "이웃 블로거들을 보니 쉬울 것 같았어요. 그저 예쁜 옷을 떼어다 팔면 될 거라고 단순하게 생각했죠. 친구랑 50만 원씩 돈을 모아 당장 시작했어요."

적은 돈으로, 쉽게 벌인 일의 결과는? 안타깝게도 실패. 생각지도 못한 재고 때문에 적자만 톡톡히 봤다. 어른 옷의 크기와 달리 유아복은 연령대에 맞게 7~9가지의 크기로 나뉘는데 사람들이 주로 찾는 사이즈의 물량 파악을 제대로 하지 못한 게 실패의 원인이었다.

사람들이 먼저 알아봐 준 손재주

다행히 길은 생각하지 못한 다른 곳에서 열렸다. 판매용 기성복을 더 돋보이게 연출하기 위해 직접 블루머(Bloomer, 발목을 매어 입는 한복 바지와 비슷하게 생긴 바지)와 스카프를 제작해 스타일링했는데 사람들이 큰 관심을 보인 것이다. 패션 디자인을 전공한 친구가 아이 입힐 옷을 만든다길래 재미 삼아 따라 만든 것이 인생의 전환점이 되었다. "판매하는 옷 말고, 스타일링한 아이템은 어디서 구할 수 있냐고 댓글을 달았더라고요. 정말 신기했어요. 대체 내가 만든 옷을 왜 좋아하나 싶었죠." 반신반의하는 마음으로 원단 값만 받고서 하나를 만들어 보냈다. 그런데 그 이후로도 판매용 기성복이 아닌 핸드메이드 옷에 관한 문의가 줄을 이었다. 이제껏 자신에게 몰랐던 재주가 있었다는 것을, 그 재주로 조금이나마 밥벌이를 해볼 수 있겠다는 생각을 한 순간이었다.

건축학과 출신의 한 번도 재봉틀을 만져본 적 없던 한윤정 씨가 덜컥 옷을 디자인하고 만들어 팔게 되었으니 어렵지 않았을까. 그는 재봉 기술이나 직물에 대해 전문적으로 배운 적은 없지만 정확한 수치 계산과 대칭 그리기 등 재단 방식이 건축설계 일과 비슷하게 느껴졌다고 한다. 유튜브의 동영상을 참고해 모르는 재봉 기술을 터득하고, 인터넷 검색을 통해 직물에 관해 공부했다. 자신은 별도의 교육과정을 듣지 않았지만

여성인력개발센터나 지방자치단체, 백화점 문화센터 등에서 열리는 바느질 강좌를 듣는 것도 기술을 익히는 좋은 방법이라 생각한다. 관심이 없을 때에는 몰랐는데 관심 갖고 배우려고 하니 많은 기회가 보였고 자신에게 맞는 방법을 택한 것이다.

원단을 판매하는 온라인 쇼핑몰 '천싸요(www.1004yo.com)'에서 분기별로 모집하는 서포터즈에 선발된 것도 도움이 되었다. 신제품 원단을 보내주면 옷이나 생활용품 등 원단이 돋보일 수 있는 제품으로 만들어 사진을 찍어 올리는 활동이었는데 한윤정 씨는 주로 아이 옷을 만들었다. 그러다 보니 원단 보는 감각이 늘고 다양한 패턴을 보고 따라 만들며 재봉이 능숙해졌다. 한윤정 씨는 그렇게 자신의 재주를 발견하고 개발해나갔다.

일과 육아, 두 마리 토끼 다 잡기

서포터즈 활동은 한윤정 씨의 일에 탄력을 더했다. 천싸요 서포터즈 갤러리에 올린 아이 옷을 보고 주문하는 사람들이 점차 늘기 시작했다. 서포터즈로 활동한 지 반년 정도 지났을 때 주문제작만으로 월 150만 원의 매출에 도달하게 된다. 일정한 매출이 유지되자 짭짤한 용돈벌이 정도로 생각하던 이 일을 본격적으로 해봐도 되리란 자신감이 생겼다. 마침내 레미제이란 이름으로 사업자등록을 냈고, 기성복을 떼다 팔던 일이 직접 옷을 만들어 파는 핸드메이드 유아복 브랜드로 탈바꿈했다.

그렇다고 거창한 창업은 아니었다. 레미제이의 공간은 블로그 그리고 두 평짜리 방 한 칸이 전부. 그 흔한 홈페이지조차 만들지 않은 이유는 아이들 용품은 제품 자체의 품질만 좋으면 홈페이지인지 블로그인지

가리지 않고 엄마들이 주문해오기 때문이다. 엄마들 인기 커뮤니티에 게시물을 올리면 아이디를 클릭해 바로 들어올 수 있다는 점도, 검색을 통해 쉽게 노출된다는 점도 블로그 판매의 큰 장점이다. 또한 큰 비용 들이지 않고 가장 쉽게, 빨리 시작할 수 있는 방법이기도 했다. 어엿한 작업 공간을 갖고 싶기도 했지만 현실적으로 육아와 일을 동시에 할 수 있는 방법은 짐을 넣어두던 방을 비워내고 가정용 재봉틀과 준공업용 재봉틀을 놓고, 원단, 실, 부자재를 넣을 수 있는 수납 박스를 들이는 정도였다. 2013년 4월 20일, 채 200만 원이 되지 않는 예산으로 한윤정 씨 집에 핸드메이드 유아복 브랜드 레미제이가 정식 오픈했다.

집이 작업실이 된 만큼 일과 육아의 경계를 짓는 일이 중요했다. 오전 8시 30분부터 오후 3시까지 아들이 유치원에 가 있는 6~7시간이 레미제이의 작업시간이다. 재봉틀 소리가 꽤 요란해 낮 동안에만 사용할 수 있고 원단을 자를 때 먼지가 많이 나서 아들이 없는 시간을 활용해야 하기 때문이다. 아들이 온 뒤로는 줄곧 아이와 함께 시간을 보내고 잠을 재운 뒤에야 손바느질 마감과 포장, 택배 정리를 하는 식이다. 원단은 주로 온라인을 통해 주문하고 가끔씩은 동대문에 직접 들른다. 집이 분당이라 원단을 사러 자주 다닐 수 없는 게 아쉽지만 요즘은 단골가게를 만들어 수시로 원단 스와치(샘플)를 택배로 받아 고르는 방식으로 아쉬움을 달래고 있다.

엄마들의 요구에 맞춘 디자인

한윤정 씨는 옷을 디자인할 때 엄마들의 마음을 잘 헤아리고자 한다. 잠시도 가만히 있지 않는 아이에게 옷을 입히려면 단추 하나 채우는 것도

손수 만든 옷은 라벨과 태그를 붙여 완성한다. 서랍마다 빼곡히 재료가 들어차 있는 작은방에서
탄생한 제품이지만 고가의 유아복 못지않은 품질을 선보이기 위해 노력하고 있다.

전쟁이다. 그래서 레미제이의 옷에는 스냅 단추를 달아 옷을 쉽게 여밀 수 있게 했다. 허리와 목 부분은 고무밴드와 끈으로 길이를 조절해 아이가 움직이기 편하게 만들었다. 디자인을 전공한 것도 아니니 기성복의 화려한 디자인을 좇기보다 엄마와 아이 중심의 실용적인 옷을 만들려고 한다. 아이를 키우는 엄마의 마음으로 신경 쓴 작은 디테일이 레미제이가 사랑 받는 비결인 듯하다.

또 하나, 엄마의 취향에 따라 소매 부분이나 단추 디자인을 바꾸어 주문할 수 있는 것도 사람들이 레미제이를 찾는 이유 중 하나다. 일종의 고객 맞춤형 서비스다. 하지만 이러한 주문 방식 때문에 요즘 고민이 많아졌다. "핸드메이드 옷을 맞춤옷이라고 생각하는 분들이 많아요. 기성복은 옷이 조금 크더라도 접어 입히면서 레미제이의 옷은 핸드메이드니까 아이의 몸에 꼭 맞을 거라고 기대하는 것 같아요. 소매나 목 부분의 디테일을 바꾸어 달라고 요구하는 분도 있는데 그러면 수정을 많이 해야 하므로 옷이 변형돼요. 처음에는 자신감도 없고 제가 잘 못해서 그런 거라 생각해 다시 만들어 보냈어요. 근데 하면 할수록 모든 사람의 입맛에 맞춰 만들어야 하는 것은 아니라는 생각이 들더라고요."

손님들이 핸드메이드 유아복에 가지는 또 하나의 편견은 기성품보다 으레 비쌀 것이라는 인식이다. 레미제이 옷의 가격은 대부분 3만 원 미만. 브랜드 옷보다 저렴하거나 비슷한 수준이다. 이렇게 착한 가격을 내세우는 것은 동대문에서 원단도 구입해보고 남대문 도매상가의 옷을 떼어다 팔아보기도 하니 아이 옷이 터무니없이 비싸게 판매된다는 걸 느꼈기 때문이다. 들인 노력과 공임을 생각하면 더 높은 가격을 매길 수도 있지만 눈 깜짝할 사이에 금세 자라는 아이에게 때마다 옷을 사 입히는 건 여간 어려운 일이 아니다. 생각보다 엄마들이 아이 옷을 쉽게 구입하거나 크게 투자하지 않는다는 것도 가격 책정에 한몫했다.

하지만 백일이나 돌잔치, 스튜디오 기념 촬영 등 특별한 날을 위해서라면 엄마들은 아낌없이 지출한다. 사람들의 요구에 귀 기울이다 보니 알게 된 틈새시장이다. 그래서 요즘 레미제이는 기념일용으로 특화된 유아복을 선보이기 위해 아이디어를 구상 중이다. 2년 뒤 아들이 초등학교에 입학하면 집과 독립된 작업실을 오픈하는 것도 레미제이의 목표 중 하나다. 이웃 눈치 없이 작업도 마음대로 하고 재봉 기술과 핸드메이드 유아복 만들기를 가르치는 클래스도 열 계획이다.

아이가 커갈수록 챙겨야 할 일이 더 많아진다는 선배 학부모들의 조언에 망설여질 때도 있다. 하지만 한윤정 씨는 이 일을 시작한 초심을 생각하며 더 많은 것을 잘 해내가리라 다짐한다. 아이와 함께 생활하며 할 수 있는 일을 찾다보니 집에서 쉽게 다룰 수 있는 재봉틀을 들였고 아이 옷 만드는 재주를 취미 이상으로 보게 되었던 것. 좋지 않은 조건에서도 궁리하다보면 뭐라도 답이 나온다는 것을 이제는 알고 있다. 처음 접하는 분야였던 만큼 혼자 배우기가 쉽지 않았지만, 직장생활을 하던 때보다 배 이상으로 하루가 정신없이 흐르지만, 그가 즐거운 이유다. 이 일을 참 잘 시작했다고 생각한다. *written by* 박은영

레미제이's Check Point

운영 포인트
떳떳한 블로그 판매를 위해 사업자등록을 했다

SNS와 블로그, 온라인 카페를 이용해 사업자등록 없이 상품을 판매하는 사람도 많다. 이것은 엄연히 따지면 위법행위인데 제품이나 서비스 판매를 통해 수익을 취할 경우 세금을 내야 하기 때문이다. 레미제이는 떳떳한 블로그 판매를 위해 사업자등록을 하고 블로그에 사업자정보를 기재했다.

블로그 판매를 위한 등록 절차
관할세무서에서 사업자등록 신고 및 발급 → 은행에서 통장 개설 후 공인인증서 신청 → 해당 은행 홈페이지에서 공인인증서 발급 후 에스크로 서비스 가입 → 은행에서 구매안전서비스 이용 확인증 발급 → 관할 구청에서 통신판매 신고하거나 민원24(www.minwon.go.kr)에서 통신판매 등록 → 판매 시작!

사업자등록번호 위젯 달기
블로그 위젯을 활용해 사업자등록번호를 명시해두자. 프로필 정보 아래에 있는 '관리' 버튼을 클릭한 후 '꾸미기 설정'에 있는 '레이아웃, 위젯 설정'을 클릭한다. 위젯 사용 설정 중 '사업자 정보'를 누르고 기입하면 끝(네이버 블로그 기준).

라벨과 스티커를 제작해 제품의 가치를 높였다

기성품에는 브랜드 이름이 새겨진 라벨이 있기 마련이다. 수공예품 역시 라벨이나 태그만 달아도 완성도가 높아지고 소비자들도 오래 기억해준다. '소량 라벨 제작'이라고 검색해 업체별 가격을 비교해 주문하자. 온라인으로만 운영하는 브랜드는 손님이 처음 제품을 마주하게 될 택배 포장에도 신경 써야 한다. 레미제이는 라벨과 스티커를 제작해 상품의 가치를 더했다.

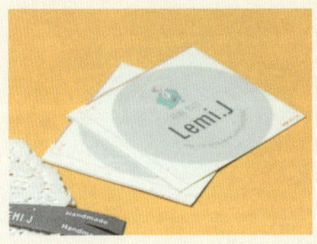

아이템 포인트
**틈새시장을
공략한 제품을
내놓았다**

엄마들은 아이를 위한 먹을거리나 교육에는 아낌없이 투자하지만 옷을 사는 데에는 생각보다 인색하다. 하지만 백일 기념이나 돌잔치 등 사진으로 오래 남는 행사를 위한 옷에는 비용을 아끼지 않는다. 레미제이는 촬영용 옷을 따로 디자인해 판매한다. 촬영용이라고 일상복과 크게 다르거나 화려한 건 아니다. 형제·자매와 맞춰 입을 수 있게 커플룩으로 만들거나 러플을 덧대어 사랑스러움이 돋보이는 디자인으로 어필했다.

홍보 포인트
**판매 공간이 아닌
아이를 위한 공간으로
어필했다**

블로그는 소비자에게 제품이나 브랜드를 쉽게 알릴 수 있는 대표적인 마케팅 창구지만 지나치게 상업적인 포스팅은 비호감을 산다. 레미제이의 블로그는 판매와 더불어 엄마들이 공감할 만한 육아일기나 유아용품 후기를 포스팅해 아이를 위한 공간으로 어필했다.

**인터넷 커뮤니티
활동을 열심히 했다**

예비 신부들 사이에서 유명한 네이버 카페 '레몬 테라스 (cafe.naver.com/remonterrace)'에서는 인테리어 팁이나 결혼 준비에 대해 정보를 얻을 수 있고 임신을 하면 '맘스 홀릭 베이비(cafe.naver.com/imsanbu)'를 통해 정보를 공유한다. 비슷한 환경에 있거나 취미를 가지고 있는 엄마들이 모여 실용적인 정보를 공유하고 친목도 다지는 커뮤니티도 늘고 있는 추세. 한윤정 씨도 홈패션에 관심 많은 주부들 사이에서 유명한 인터넷 커뮤니티 '천싸요(www.1004yo.com)'를 통해 레미제이를 알릴 수 있었다.

핸드메이드 유아복 브랜드, 레미제이

미래의 수공예숍 오너를 위한 조언

"브랜드를 론칭하기 전에 필요한 기술을 모두 익히고 연습 시간을 충분히 가지세요. 요즘에는 문화센터, 여성인력개발센터 등에서 열리는 재봉 기술 강좌를 통해 재봉틀 다루기, 양재 패턴 재단 등을 쉽게 익힐 수 있어요. 배움의 시간이 조금 오래 걸리더라도 혼자 고군분투하며 실패를 반복하는 것보다 시간을 절약할 수 있을 거예요.

특히 핸드메이드 제품은 만드는 사람의 정성과 특징이 묻어나게 마련이에요. 이 점을 부각시켜 대량생산품에서는 찾아볼 수 없는 디테일을 표현하는 게 좋아요.

그리고 돈 욕심을 버리세요. 참 아이러니한 말이죠? 저도 처음에는 돈 욕심이 있었고 심지어 점점 커졌어요. 하지만 그럴수록 일을 시작할 때 가졌던 초심과 함께 방향성까지 잃는 기분이었어요. 돈과 일이란 두 마리 토끼를 다 잡으면 좋겠지만 먼 미래를 보고 자신만의 캐릭터가 확실한 브랜드를 만드는 게, 수공예로 창업할 때 가장 중요한 일이에요."

언제 시작해야 할까?

회사에 다니며 배우기 시작했습니다

가죽 공방,
심야공방 | 김호영

"회사가 싫은 건 아니었습니다.
다만 직장인의 삶과 목표라는 게
뻔하더라고요. 직장생활에도
크고 작은 행복이 있겠지만
제가 느끼고 싶은 행복은 조금 달랐어요.
50대가 돼서도 재미있게
할 수 있는 일을 찾고 싶었습니다."

가죽 공방, 심야공방

나의 수공예를 소개합니다
가죽 공예

손바느질로 명함지갑, 파우치, 가방 등 가죽으로 만들 수 있는 모든 제품을 만든다. 가죽이란 소재에 매료되어 시작하는 경우가 많다. 손재주는 없지만 가죽을 좋아하고 디자인 감각이 있다면 제작만 하청하는 형태로 창업할 수도 있다. 서울 신설동 일대에 다양한 가죽과 부자재를 파는 시장이 형성되어 있다.

나의 수공예숍을 소개합니다
심야공방

밤늦게까지 하는 공방이라는 의미로 이름 지었다. 달과 별 모양이 가장 잘 어울릴 것 같아 한자로 로고를 만들었다. 손바느질 전문 가죽 공방으로 주로 책가방 형태의 새철백(Satchel bag), 지갑, 카드 케이스를 제작한다.

형태	오프라인 공방(10평)과 온라인 숍 운영
오픈	2012년 4월
개업 자금	약 4천만 원
자금 조달 방법	회사 다니며 모은 돈과 살던 집 전세금
주 고객층	20~40대 직장인
월 매출	700만 원
운영 시간	그때그때 다름, 매일 11, 15, 19시에 클래스 운영
주소	서울시 강남구 논현로157길 18(신사동)
전화	02-518-9463
홈페이지	www.leatherbag.kr

나를 소개합니다

김호영(35)

애니메이션을 전공했지만 적성에 맞지 않아 웹디자인으로 전향했다. 연봉 훌륭하고 복지 좋은 외국계 대기업에서 일했지만 가슴에 열정을 불어넣어 준 가죽 공예를 만나 회사를 그만두었다. 더 많은 사람에게 수공예의 가치를 알리겠다는 생각으로 가죽을 뚫고 꿰매고 붙이고 말리는 일을 4년째 하고 있다.

지금, 행복한가?

'3, 6, 9 고비'라는 말이 있다. 신입 시절에는 3, 6, 9개월이 고비이고, 1년을 잘 다녔다는 벅찬 순간이 지나면 3년, 6년, 9년 차에 또 고비가 기다리고 있다. 시간과 정도의 차는 있지만 누구나 겪는 일이다. 김호영 씨에게는 5년 차 즈음에 벌어진 일이었다. "직장인의 삶과 목표라는 게 뻔하더라고요. 처음에는 취업, 그다음엔 이직, 연차가 쌓이고 돈을 모은 뒤엔 짝을 찾아 결혼하고 또 그 생활을 유지하기 위해 앞만 보고 뛰잖아요. 물론 그 과정도 행복하겠지만 제가 느끼고 싶은 행복은 조금 달랐어요."

그는 마케팅팀 웹디자이너로 일하고 있었다. 회사가 싫은 건 아니었다. 연봉이나 복지도 괜찮고 업무량도 그리 많지 않은, 그야말로 안정적인 직장이었다. 가만히 앉아 꼽아보자면 그만둘 이유보다 다니면 좋은 이유가 더 많았으니까. 다만 예정된 미래에 별다른 흥미나 욕망을 느끼지 못했다. "회사 소속의 디자이너는 승진하면서 실무자에서 관리자가 됩니다. 그게 싫더라고요. 50대가 돼서도 재미있게 할 수 있는 일을 찾고 싶었어요."

호기심이 많고 자신의 삶에 적극적이며 재주가 많은 사람이 으레 그렇듯, 김호영 씨의 취미도 다양했다. 자전거, 사진, 트레킹을 좋아했고 영화나 전시도 꼬박꼬박 챙겨보고 소문난 맛집의 요리도 부지런히 탐미했다. 가죽 공예도 그중 하나였다. 어느 갤러리의 클래스에 참여해 가죽 제품을 만들어본 게 시작이었다. 가죽이 주는 촉감이 무척 좋았고 소품을 몇 번 만들다 보니 천, 나무, 철 등 다양한 소재와 결합해 더 재미있는 걸 만들 수 있겠다는 생각이 들었다. 호기심과 아이디어는 꼬리에 꼬리를 물어 혼자서 인터넷과 유튜브 영상을 보고 만들기에 이르렀고 그렇게 가죽 공예에 더 깊이 빠져들었다.

회사 다니며 취미 유학 가기

'좀 더 제대로 배워볼까?'. 한번 시작한 일은 끝까지 파고들어야 직성이 풀리는 김호영 씨는 일본, 이탈리아, 프랑스에서 출판된 가죽 전문서적을 구해 뒤적였다. 번역기로도 해결되지 않은 용어나 문장은 현지에 사는 친구들에게 물어 해결하며 열성을 다했다. 더 깊이 배우고 싶어 유학까지 갈 생각에 닿은 건 오히려 자연스러운 일이었다. 가죽 공예를 전문적으로 배우려면 대개 일본이나 이탈리아에 가서 정규과정을 수강하곤 한다. 이탈리아는 가죽 공예의 본원이라 할 수 있겠고, 일본은 이탈리아에서 유학한 일본 사람들이 자신들의 방식대로 가죽 공예를 잘 정립시킨 경우다.

 아무리 휴가 쓰는 게 자유로운 회사라지만 아무래도 이탈리아는 '일단 한번' 가보기에는 거리상으로나 경제적으로나 부담이 되었다. 일본이라면 괜찮았다. 주말을 이용해 충분히 다녀올 수 있고 무엇보다 그가 평소에 눈여겨보았던 가죽 공방 '펠레테리아'가 도쿄에 있었다. 그의 롤모델인 펠레테리아의 대표이자 가죽 장인인 마루야마 쇼고 씨에게 처음 메일을 보낸 게 그즈음이었다. 가죽에 대한 진지한 태도와 마음, 펠레테리아에 대한 관심과 존경을 담아 공방을 방문해보고 싶다고 썼다. 오래 지나지 않아 반가운 회신이 왔고 곧장 도쿄행 비행기 표를 끊었다. 2009년, 한창 회사를 다닐 때의 일이었다.

열 평 남짓한 공간에 작업실과 쇼룸이 결합된 형태. 김호영 씨는 펠레테리아와 마루야마 씨에게 꼭 맞춰 짜인 공간에서 가죽 수공예의 가치를 이어가고 있는 모습에 단번에 매료되었다. 하지만 펠레테리아에서 가죽 공예를 배우고 싶다는 김호영 씨의 부탁은 보기 좋게 거절당했다. 따로 운영하는 클래스도 없었고 무엇보다 홀로 일해온 마루야마 씨로서는 비행기까지 타고서 배우러 온다는 열성적인 학생이 부담스럽기도 했을 것이다. 김호영 씨는 포기하지 않고 성실히 '작업'을 걸었다. 우선 일부러 도쿄에 여행을 가고 자주 얼굴을 비쳤다. 의사소통을 도와줄 친구까지 동원해 같이 밥 먹고 술도 마시면서 꾸준히 의사를 표명했다. "와카리마시다(알겠습니다)." 마루야마 씨는 결국 승낙하고야 말았다.

그 후로 회사 업무가 바쁘지 않을 때를 이용해 두세 달에 한 번꼴로 도쿄에 갔다. 사실 대단한 건 없었다. 마루야마 씨가 작업하는 모습을 말 그대로 어깨너머로 관찰하고 메모하며 종종 질문을 던지는 정도였지만 그 어떤 수업보다 값지게 느껴졌다. 아마 후쿠시마 원전 사고가 터지지 않았다면 1년 정도 눌러앉아 마루야마 씨에게 지도편달을 받았을 거라고 했다. 서울에 있을 때에는 신설동 가죽 시장을 드나들며 재료와 부자재를 공부했다.

대부분의 사람들이 김호영 씨처럼 취미를 깊게 배우러 다니진 않는다. 게다가 그는 처음부터 가죽 공방을 차리겠다고 마음먹은 것도 아니었다. 다만 배울 수 있는 때라는 게 따로 있다고 생각하지 않았다. 좋아서 하는 일에는 어떤 목적이나 의미가 없는 경우도 있지만 그렇게 마음 쏟아 깊게 팠던 일들이 후에 큰 재산이 되어 돌아온다는 것을 무심결에 알았다. 심야공방은 어쩌면 그때부터 시작된 것이다. 펠레테리아를 오가던 시간, 혼자 빠져들어 했던 공부는 김호영 씨만의 콘텐츠가 되었고 그때 블로그에 차곡차곡 쌓은 게 나중에 특별한 홍보나 마케팅을 하지 않아도 적자 한 번 없이 공방을 이끌어올 수 있었던 비결이 되었다.

이전 상황이 종료되어야 뭐라도 시작된다

김호영 씨는 2011년 초에 사직서를 낼 때까지도 가죽 공방을 차리겠다는 계획은 없었다고 한다. 그렇다고 근근이 회사를 다니며 기회라는 걸 노리고만 있기도 싫었다. 이전의 상황이 종료되어야 새로운 상황이 시작되는 법, 그는 당장 무엇이 되었든 시작하고 싶었다. "여행을 다니든 영어 공부를 하든 대학원을 가든 내 인생의 '다음'을 위한 준비를 본격적으로 해야겠다고 생각했어요. 월급에 대한 미련은 없었어요. 돈은 어떻게든 벌면 되니까요."

굳이 회사를 그만둘 필요가 있냐는 얘기도 들었지만 뭐든 하려면 제대로 하자는 주의라 어디에 발 하나 걸쳐둔 채 하고 싶지는 않았다. 김호영 씨는 기어이 퇴사를 감행했고 지인의 가죽 공방 오픈을 도우면서 1년 정도 시간을 보냈다. 모아둔 돈이 조금 있었지만 다음을 위한 종잣돈으로 쓰려고 건드리지 않았다. 대신 웹디자인이나 홈페이지 제작 등 프리랜서로 일하면서 생활비를 벌었다. 좋아하는 일을 하기 위해 잘하는 일을 하면서 적기를 탐했다. "가죽 공방 오픈을 돕고 제품 라인을 세팅하는 과정 모두 재미있었어요. 다만 그쪽은 공장을 통한 대량생산 방식을 추구했는데 저는 손바느질만으로 가죽 제품을 만들고 싶었거든요. 그간 다양하게 접해본 취미 중에 가장 애정이 깊었고 얼마간은 가죽에만 집중해도 괜찮을 것 같았어요. 그래서 제 공방을 열기로 했습니다."

두꺼운 가죽을 재단하고 바늘구멍을 낸 뒤 일일이 손바느질로 엮어 만드는
가죽 수공예품은 기계로 만드는 것과는 비교할 수 없을 정도로 오랜 시간이 걸린다.
하지만 이렇게 만든 제품에선 감출 수 없는 손맛이 난다.

2012년 4월 문을 연 심야공방은 압구정역 근방 작은 골목에 있다. 공방의 후보지는 압구정, 홍대 근처, 통의동 혹은 계동 등 수공예숍이 오밀조밀 모인 지역이었다. 압구정 지역의 월세가 가장 비쌀 것 같지만 이미 권리금이 오를 대로 오른 홍대 근처나 통의동도 사정은 비슷했다. 1층일 경우에는 더욱 편차가 없었다.

"후보지를 몇 번씩 돌다가 이 공간을 발견했죠. 직장인들이 퇴근하고 와서 클래스를 듣기에 편한 위치였고 무엇보다 주차가 2대 이상 되는 점이 마음에 들었습니다. 늦은 밤 불 켜진 공방에서 가죽 제품을 만드는 모습이 그려지는데 여기다 싶더라고요." 공방을 여는 데 들어간 초기 자금은 보증금을 포함해 3천만~4천만 원 남짓. 모아둔 돈과 살던 전셋집을 월세로 옮기면서 생긴 돈으로 마련했다. 그렇다면 공방과 집의 월세가 함께 나간다는 말인데, 경제적으로 부담스럽지 않을까. 그는 별일 아니라는 듯 "돈이야 어떻게든 벌면 된다니까요"라고 답한다. 어쩌면 창업이란 만반의 준비가 다 갖춰질 때가 아닌 호기와 배짱이 있을 때 시작할 수 있는 일인 것 같다.

심야공방은 이제 문을 연 지 꼬박 3년이 되었다. 언제 가장 힘들었냐는 질문에 그는 전혀 없었다고 잘라 말한다. 스트레스 받을 일이 없으니 따로 쉬는 날도 필요 없단다. 아침 11시, 오후 3시, 저녁 7시까지 클래스가 매일 세 차례나 있다. 하지만 김호영 씨는 빡빡하게 그의 일상을 채운 클래스야말로 사람 손으로 직접 만드는 수공예의 가치를 알리는 시간이라 생각한다. "얼마만큼의 정성과 노력이 들어간 것인지, 왜 이런 가격이 나왔는지, 좋은 제품을 볼 줄 아는 눈을 키웠으면 해요. 그러다 보면 저희 같은 작은 공방에서 만든 수제품도 가치와 값을 인정받겠죠."
 그는 수업이 없는 시간을 활용해 전시나 영화를 보는 등 문화생활을 즐기고 공방을 닫은 뒤엔 가끔 친구들을 만난다. 종종 특별주문의 납품기일에 맞추려고 새벽까지 작업하지만 그쯤이야 충분히 즐기면서 하고 있다. 그야말로 하루하루를 꽉 채워, 그날만 사는 것처럼 산다. 그래야 후회가 없다는 것을 김호영 씨는 잘 알고 있다. 나중이 아닌 지금 이 순간의 삶과 가치를 좇아 여기까지 왔기 때문이다. *written by* 신정원

심야공방's Check Point

운영 포인트
클래스 운영의 원칙을 세웠다

두 달 과정의 수업료는 30만 원, 재료비는 별도다. 주변 공방보다 저렴한 편이라 문의가 많이 오는 편. 그래서 더 아무나 수강생으로 받지 않는다.

심야공방의 클래스 운영 원칙

1 버킨백, 켈리백처럼 명품 스타일 가방을 만들려는 사람은 아웃!
가죽에 관심 있고 배우려고 하기보다 그 가방을 갖고 싶은 사람들이기 때문이다. 클래스를 하기 전 상담을 통해 명품 스타일 가방을 원하는 사람은 정중히 거절한다.

2 도구를 함부로 다루는 자, 떠나라
두꺼운 가죽을 다루는 가죽 공예는 날카로운 도구를 많이 사용하므로 사고 위험이 크다. 그렇다고 매 순간 김호영 씨가 지켜볼 수는 없으므로 조심성 없이 도구를 함부로 사용하는 사람들은 환불을 해주더라도 내보낸다.

3 클래스 1회 = 결과물 1개
올 때마다 하나의 제품을 완성해갈 수 있게 커리큘럼을 짠다. 그래야 성취도가 높고 다음 수업이 기대되기 때문이다. 첫 시간에는 2시간 이내에 만들 수 있는 카드 케이스로 시작해 명함 케이스, 반지갑, 새철백 순서로 수업한다.

홍보 포인트
정직하고 진정성 있는 콘텐츠로 홍보했다

심야공방은 네이버 블로그, 페이스북, 인스타그램을 활용해 홍보한다. 온라인 홍보를 위한 콘셉트가 있다면 정직함과 진정성을 갖춘 콘텐츠여야 한다는 것. 특히 네이버 블로그는 2008년 가죽에 관심을 갖고 공부를 시작할 무렵부터 콘텐츠를 쌓아와 가죽에 대한 심야공방의 진득한 뚝심을 보여주는 역할을 한다. 다양한 사진 필터로 온갖 화려한 연출을 할 수 있는 인스타그램에도 필터를 사용하지 않은 사진을 올린다. 작업 과정을 연출 없이 보여주는 것, 조명이나 필터 효과 없이 가죽 본연의 색상을 그대로 보여주는 것이야말로 가죽 공예에 대한 환상이 아닌 실제를 보여주는 것이라 믿기 때문이다. 오히려 그런 점이 사람들이 심야공방을 찾는 이유가 되었다.

미래의 수공예숍 오너를 위한 조언

"정말 충분히 준비했는지 생각해보고 혹시라도 비슷한 아이템이 나와 있는 건 아닌지 찾아보세요. 유통 단계는 아니더라도 창업지원센터나 어딘가에서 인큐베이팅 단계일 수도 있습니다. 꼭 남과 다른 걸 하라는 말이 아니에요. 유사 아이템이 있다면 확실한 차별화 요소가 필요하다는 직언입니다.

또한 창업만 한다고 끝이 아니란 사실을 아셔야 해요. 창업 이후에 해야 할 일이 더 많죠. 회사에 다닐 때 인사팀, 총무팀, 재무팀에서 해주던 일을 혼자 다 해야 하니까요. 하물며 사업자등록증 하나 만드는 것도 본인이 해야 하고요. 웬만한 일은 온라인으로 다 해결된다지만 어쨌거나 모든 것을 다 제때에 해야 합니다. 미루고 게으름 피우면 나중에 더 많은 시간을 빼앗겨요. 1인 기업에게 시간은 정말 금이에요.

마지막으로 자존심을 버려야 합니다. 처음 하는 일인 만큼 시행착오도 많고 제품이 잘 안 팔릴 수도 있어요. 그럼 길에 나가 좌판이라도 깔고 팔아야죠. '내가 이런 것까지 해야 해?' 하면서 이러지도 저러지도 못하는 분들이 많더라고요. 그러다간 재고가 쌓이고 월세는 밀리고, 결국 문 닫게 되죠. 내가 움직여야 돈을 벌고 자존심을 버려야 계속 이어갈 수 있는 게 창업입니다."

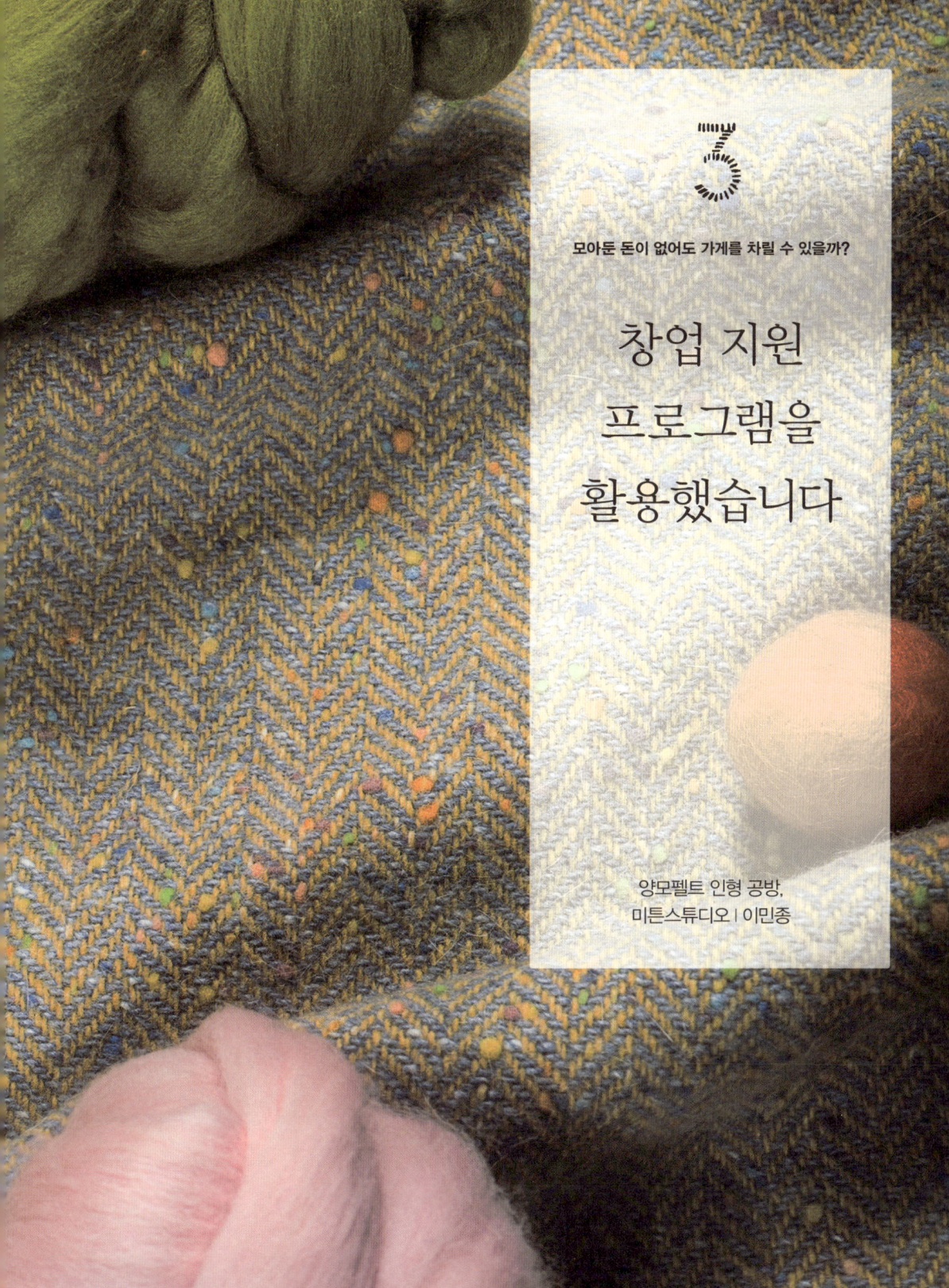

5

모아둔 돈이 없어도 가게를 차릴 수 있을까?

창업 지원 프로그램을 활용했습니다

양모펠트 인형 공방,
미튼스튜디오 | 이민종

"수공예를 하다 보면 작업의
재미에만 빠져들기 쉽습니다.
저는 만드는 행위에만 집중하기보다
창업 지원 정책의 혜택을 받을 수
있을 만한 질 좋은 콘텐츠를 만드는
일에 더 초점을 맞췄습니다."

양모펠트 인형 공방, 미튼스튜디오

나의 수공예를 소개합니다
양모펠트 공예

양모의 엉겨 붙는 성질을 이용해 재단이나 바느질 없이 소품을 만든다. 가위, 양모펠트용 바늘 등의 기본 도구만 갖추면 어디서든 쉽게 작업할 수 있다. 양모가 주는 특유의 포근한 느낌이 매력적이며 생활소품, 액세서리, 인형 등의 다양한 제품을 만들 수 있다.

나의 수공예숍을 소개합니다
미튼스튜디오(Mitten Studio)

〈오즈의 마법사〉, 〈빨간 모자〉 같은 동화 속 주인공이나 창작 캐릭터 등 양모펠트를 이용해 다양한 인형을 만든다. 광고, 영화, 출판 업계와 협업해 양모 인형을 캐릭터로 한 콘텐츠까지 제작한다. 얼마 전 계동에서 원서동으로 이사하며 작업에 더욱 몰입할 수 있는 아늑한 공간을 새롭게 꾸몄다. 미튼스튜디오만의 캐릭터를 개발하기 위해 고심 중이다.

형태	오프라인 공방(7평) 운영
오픈	2010년 6월
개업 자금	500만 원
자금 조달 방법	직장생활하며 모은 적금과 퇴직금
주 고객층	인형과 캐릭터를 좋아하는 사람들
월 매출	300만~400만 원
운영 시간	10:00~19:00
주소	서울시 종로구 창덕궁3나길 28(원서동)
전화	010-4248-3503
홈페이지	www.mitten.kr
블로그	blog.naver.com/mj_minio

나를 소개합니다

이민종(38)

일러스트레이션을 전공하고 게임 회사와 애니메이션 회사에서 약 10년간 캐릭터 디자이너로 일했다. 어릴 적 빨간색 벙어리장갑을 끼고 겨울을 맞았던 따뜻한 기억을 좋아해 공방 이름으로 연결 지었다. 양모펠트 인형을 활용한 앱북이나 영상 제작에 관심이 많다.

창업 지원 '킬러'가 되다

손재주 하나는 타고났지만 수중에 목돈도 없고 돈을 빌릴 궁리도 안 나는 사람들에게 창업 지원만큼 매혹적인 기회가 또 있을까. 작은 지원일지라도 내 재능을 믿고서 도와준다면 그 얼마나 달콤한 기쁨일까. 양모펠트 인형 공방 미튼스튜디오를 운영하는 이민종 씨는 정부 지원 정책을 영리하게 활용해 창업한 경우다.

우선 운이 좋았다. 이런 식의 지원을 받을 때 가장 중요한 것은 정보력이다. 어느 기관이, 어떤 사람에게, 무엇을 지원해주는지 알아야 신청서라도 써볼 수 있으니까. 일러스트레이션을 전공하고 게임 회사와 애니메이션 회사에서 약 10년간 캐릭터 디자이너로 일한 이민종 씨는 자신이 다닌 벤처 회사들이 한국콘텐츠진흥원의 지원 사업을 활용하는 것을 익히 보아 알고 있었다. 창업 지원 정보를 접할 기회가 많았던 셈이다.

"나만의 캐릭터 디자인 개발을 더 이상 미루면 안 될 것 같은 순간이 찾아왔습니다. 작업실로 사용할 수 있는 공간이 필요했는데 지인이 서울시 청년창업센터에 지원하면 사무실을 무료로 빌려주고 활동비도 받을 수 있다고 귀띔해주었어요." 그는 어렴풋이 생각하고 있던 캐릭터 디자인 개발에 관한 사업계획서를 써냈고 무난하게 공짜 사무실을 얻는다. 서울시 청년창업센터의 오피스텔 사무실을 공유해 쓰는 형태였다. 창업 비용 중 월세며 보증금 등 자릿세 비중이 가장 크지 않던가. 이민종 씨에게 시작은 한결 수월했던 셈이다. 1년 동안 공짜 사무실을 사용하며 캐릭터 디자인에 전념할 수 있었으니 말이다.

이민종 씨가 받은 창업 지원은 여기가 끝이 아니다. 한국콘텐츠진흥원의 캐릭터 사업에 지원해 개인 프로젝트를 진행할 수 있었고, 한국직업능력개발원에서 지원하는 프로그램을 통해 양모펠트 공예를 무료로 배웠다. 공간 지원, 금전적 지원, 기술 지원까지, 신청하면 족족 붙은 비법이라도 있는 걸까? 그는 2010년 즈음은 창업 지원 사업의 경쟁률이 상대적으로 낮은 시기였다는 것을 첫 번째 요인, 사업계획서를 쓰다 버릇하니 갈수록 알찬 서류가 되었던 것을 두 번째 요인으로 꼽는다. 손으로 만드는 재주를 가진 사람들은 딱딱한 서류 작업에 약한 편인데 기억해야 할 것은 모든 창업 지원은 서류를 바탕으로 선발된다는 점이다. 무엇을 만들 건지, 홍보 및 운영은 어떻게 할 것인지 스스로 잘 정리되어 있어야 다른 사람도 설득시킬 수 있는 법이다.

천천히 홀로서기

아직 미숙한 아이는 엄마와 아빠의 도움이 필요하다. 그리고 어느덧 어엿하게 자랐을 때에는 알아서 독립한다. 어쩌면 창업 또한 아이가 태어나 성장하는 일과 비슷하지 않을까. 발전시켜야 할 아이템과 작은 자본력을 가진 창업 지원자들에게 정부나 지자체의 지원은 부모님 품 못지않은 따스한 버팀목이 된다. 이민종 씨에게도 창업 지원은 분명 큰 도움이었다. "아무리 좋아하는 일이라도 환경이 뒷받침되지 않으면 오래 버틸 수 없잖아요. 열심히 만든 작품인데 누구에게도 보여줄 수 없었다면 제풀에 쉽게 지쳤을 거예요." 물론 청년창업센터의 지원 내용이 모두 만족스럽다고 하면 거짓말일 테다. 하지만 당분간 하고 싶은 일에 집중할 수 있게 해준 점은 어쨌든 고맙다.

특히 서울디자인페스티벌 같은 대규모 박람회에서 서울시의 이름을 내걸고 여러 수공예 작가들과 전시할 수 있었던 것은 소중한 경험이었다. "단독 부스는 아니었지만, 이제 막 시작한 브랜드가 어떻게 그런 행사에 참여할 수 있겠어요? 혼자가 아니라 초라해 보이지 않았고 무료로 참여할 수 있어 부담 없이 행사를 즐겼어요. 지원받은 홍보 비용으로 리플릿도 제작할 수 있었고요." 더불어 행사를 찾은 관람객들로부터 작품에 대한 직접적인 피드백을 받을 수 있었던 것은 가장 큰 소득이었다.

청년창업센터 지원 사무실에서 1년을 꼬박 보낸 이민종 씨에게 어느 날 새로운 때가 도래했다. 아이가 부모 품을 벗어나듯 스스로 더 넓은 세상을 탐할 때가 온 것이다. 2년간 꾸준히 참석한 박람회를 통해 미튼스튜디오를 기억해주는 관람객이 생겨난 게 용기가 되었다. 그의 첫 보금자리는 종로구 계동, 2층에 위치한 8평 남짓의 작은 공간이었는데 그 작은 공간이 권리금 2천만 원에 보증금 1천만 원, 월세는 60만 원이었다. 확실히 만만치 않은 자릿세였다. 하지만 좀 더 제대로 해보고 싶어 과감하게 선택했다. 당장은 판매가 될 리 없었지만 양모 캐릭터 인형으로 틈틈이 동화 콘텐츠와 앱북을 만들고 포트폴리오를 쌓으며 지냈다. 천천히, 느린 속도였지만 홀로 일어서는 기분이 나쁘지 않았다.

양모라는 소재의 발견

양모펠트 공예. 펠트라고 하면 부직포처럼 생긴 펠트지를 떠올리는데 양모펠트는 천연 양털을 뭉쳐놓은 것이라 생각하면 된다. 비눗물이나 펠트용 바늘을 이용해 재료를 뭉치거나 뜯어 붙이는 쉬운 수공예에 속하지만 국내에선 아직 생소하게 여겨진다. 이민종 씨가 양모펠트

공예에 관심을 갖게 된 건 애니메이션 회사에 다니면서부터다. 캐릭터 디자이너라는 직업에 대한 자부심이 강했던 그는 캐릭터를 그리는 일뿐만 아니라 어떤 소재로 만들어낼지를 끊임없이 연구했다. 대부분 점토를 이용해 캐릭터를 구상화하는데 만들기는 편하지만 점토 특유의 딱딱한 느낌이 싫었다. 자신이 디자인한 따뜻한 느낌의 캐릭터와 어울리는 소재는 없을까 하는 고민 끝에 발견한 것이 바로 양모펠트다.

실제로 그가 만든 양모펠트 인형을 보면 감탄할 만하다. 사진보다 실물이 나은 연예인처럼 양모펠트로 만든 인형은 그 질감 때문에 실물로 보았을 때에야 진정 빠져들게 된다. 손뜨개처럼 따로 도안이 필요한 건 아니지만 디자인 감각은 있어야 한다. 철사로 뼈대를 만든 후 그 위에 양모 뭉치를 적당히 덮어가며 펠트용 바늘로 콕콕 찔러 옷이나 피부를 표현한다. 그러나 이민종 씨가 양모펠트 인형으로 입지를 다질 수 있었던 것은 인형만 잘 만들어서는 아니다. 양모펠트 인형으로 동화책을 만들 수 있었던 것도 TV CF 속 주인공 캐릭터를 제작할 수 있었던 것도 다 콘텐츠를 염두에 둔 디자인을 했기 때문이다. "양모펠트 인형을 이용해 책이나 영상 등의 콘텐츠로 연결지었기 때문에 한국콘텐츠진흥원의 지원을 받을 수 있었어요. 양모펠트는 제 캐릭터를 돋보이게 하는 하나의 요소라고 볼 수 있어요."

일반적으로 수공예 하면 '잘 만드는 재주'가 다라고 생각한다. 하지만 만드는 재미에만 빠지면 더 큰 생각을 못 하게 된다. 어쩌면 만드는 것은 수공예의 기본이 아닐까. 그 기본으로 질 좋은 콘텐츠를 만들어내야만 정부 지원도, 제품 판매 외의 살 궁리도, 기업과의 협업도 성사되곤 하는 것이다. 그래서 '인형 만드는 사람' 이민종 씨는 '이야기를 만드는 일'에도

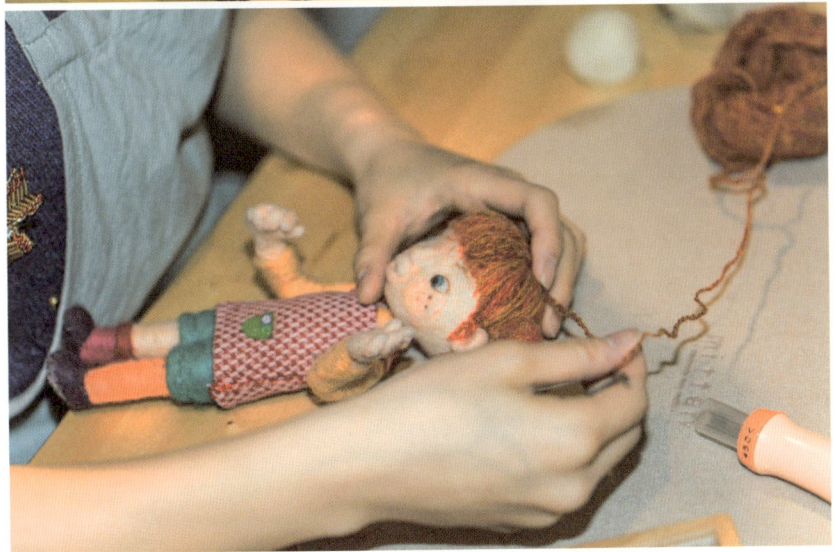

양모펠트 인형을 만들 때에는 인내심이 필요하다. 별도의 접착제를 사용하지 않고 양모 실이나 양모 뭉치를 바늘로 콕콕 찔러 엉겨 붙게 하는데, 안정감 있게 붙이려면 수십 번씩 찔러 넣어야 한다. 인형 한 개를 만드는 데 수개월이 걸리기도 한다.

관심이 많다. 문예창작 학원에 등록해 글쓰기 교육을 받았을 정도다. 최근에는 직접 만든 두더지 인형을 활용한 콘텐츠를 기획하기도 했다. 두더지들이 직접 농사를 지으며 사람들에게 허브에 대해 알려주는 '두지 패밀리'가 그 주인공. 스튜디오에 찾아온 사람들과 박람회를 통해 판매되었을 만큼 반응도 꽤 좋았다. 그런가 하면 인터랙티브 앱북 〈비버와 빨간장화〉로 2014 대한민국 전자출판대상 전자책 부문에서 대상을 받기도 했다.

우리는 자신의 색을 담아 창작활동을 하는 사람을 작가라고 부른다. 이민종 씨를 보며 떠오른 말이기도 하다. 손재주를 이용해 밥벌이하는 기술자를 넘어선 그를 수공예 작가라고 불러야 할 것 같다.

시작한 지 5년, 원서동에서의 제2라운드

사람들이 잘 오지 않아 조용한 점이 마음에 들어 자리 잡았던 계동은 이제 북촌과 삼청동을 오가는 사람들의 발길로 북적거리는 동네가 되었다. 동네 고유의 특색은 사라졌지만 그렇다고 아쉬움만 남은 건 아니다. 15만 원부터 100만 원 정도 하는 미튼스튜디오의 고가 인형이 매장에서 팔리기 시작한 건 계동에 중국인 관광객들이 늘면서부터다. "요즘 중국인 관광객들은 수공예품에 관심이 많아요. 서슴없이 구매도 하고요. 아기자기한 것을 찾는 일본인 관광객을 대상으로 하던 가게들이 점차 중국인 관광객으로 눈길을 돌리고 있을 정도예요." 한국을 재방문한 사람 중에 미튼스튜디오를 기억하고 다시 찾아온 경우도 있었다. 동네를 찾는 사람들이 많아지자 자연스럽게 미튼스튜디오도 알려졌고 수강 문의도 들어오기 시작했다.

하지만 지난겨울 그는 4년 가까이 머물던 계동을 떠나 원서동의 조용한 골목 안쪽으로 이사했다. "제가 청년창업센터의 사무실에서 독립한 것은 캐릭터 개발에 집중하기 위해서였어요. 그래서 조용한 계동을 선택했는데 현실적인 문제 때문에 당장 수익이 생길 수 있는 판매와 클래스에 집중했던 것 같아요. 잠시 본래의 목적을 망각한 거죠. 마음을 다잡고 작업실의 역할에 더 충실해지고자 자리를 옮겼습니다."

이민종 씨는 종종 처음 자신이 하고 싶은 일을 위해 지원서를 쓰고, 책상과 의자만 덩그러니 놓였던 사무실에 들어섰을 때를 상기한다. 지금은 그보다 나은 혼자만의 공간, 양모펠트 인형을 만든다는 자부심 그리고 많은 콘텐츠가 있다. 자신이 만든 인형으로 언젠가 단편 애니메이션을 제작하고 싶다는 그의 바람 역시 이루어지지 않을까. 뭘 하든 똑 부러지는 이민종 씨가 제 손으로 일궈야 할 미튼스튜디오의 제2라운드가 막 시작되었다. *written by* 박은영

미튼스튜디오's Check Point

운영 포인트
관광 명소라는
지리적 이점이 통했다

요즘은 스마트폰과 SNS을 활용해 외국인 관광객들까지 작은 골목을 찾아다닌다. 특히 북촌, 삼청동 근처에 중국인 관광객이 늘면서 미튼스튜디오에 들러 특색 있는 기념품을 사가려는 사람까지 생겼다. 수공예품에 관심이 많은 중국인 관광객들은 고가 인형도 스스럼없이 결제해 쏠쏠한 수입을 안겨주었다.

아이템 포인트
인형을 만들 때
이야기를 상상하며
만들었다

미튼스튜디오의 인형은 다른 양모펠트 인형과 다르게 이야기를 담고 있다. 인형 구상단계부터 동화책, 앱북, 영화 등 다른 형태의 콘텐츠 창작을 염두에 두고서 만들기 때문이다. 예를 들어 두더지 인형 '두지 패밀리'처럼 단 한 개의 인형을 만들기보다 각기 다른 개성을 지닌 인형을 시리즈로 만들어 스토리를 짤 수 있게 했다. 기업과 협업을 하거나 창업 지원을 받을 수 있었던 것도 이러한 작업 태도가 낳은 결과다.

인테리어 포인트
수납 박스와
선반으로 좁은
공간을 알차게 썼다

재료가 공간의 반을 차지하게 되는 수공예숍은 무엇보다 수납이 관건이다. 재료 정리를 잘해야 제품을 놓을 공간도 생긴다. 미튼스튜디오는 7평 남짓한 공간을 수납 박스와 선반, 커튼 등을 활용해 알차게 사용했다. 전시대를 겸하는 벽 선반에 인형을 놓고 재료는 한눈에 찾기 쉽게 반투명 박스에 담았다. 수납 박스가 보기 싫다면 간이 커튼을 달아 가려주는 것도 방법이다. 상판의 크기를 조절할 수 있는 익스텐션 테이블은 좁은 공간에서 활용도가 높은 가구다.

홍보 포인트

박람회에 열심히
참여했다

수공예에 관심 있는 사람들이 모여드는 박람회는 브랜드를 알릴 수 있는 절호의 기회가 된다. 하지만 이제 막 시작하는 브랜드가 무턱대고 참가하기엔 부스 비용이나 홍보 비용이 만만치 않다. 미튼스튜디오는 서울인형전시회, 서울국제핸드메이드페어 같은 대규모 박람회의 초대작가 모집에 응시해 무료로 부스를 제공받았다. 이렇게 꾸준히 참여한 박람회를 통해 미튼스튜디오를 기억하고 찾는 이들이 생기기 시작했다.

인형 제작 과정을
영상으로 담아
보여줬다

미튼스튜디오의 인형은 15만~100만 원 선. 재료비와 공임을 고려해 나름 합리적으로 책정한 가격이지만 손님들의 반응은 '터무니없이 비싸다'였다. 이민종 씨는 양모 인형을 만드는 과정을 동영상으로 찍고 태블릿 PC에 담아 손님들에게 보여줬다. 번거로운 과정을 통해 인형이 탄생하는 모습을 본 뒤로는 그 누구도 무턱대고 비싸다는 불평을 하지 않았다.

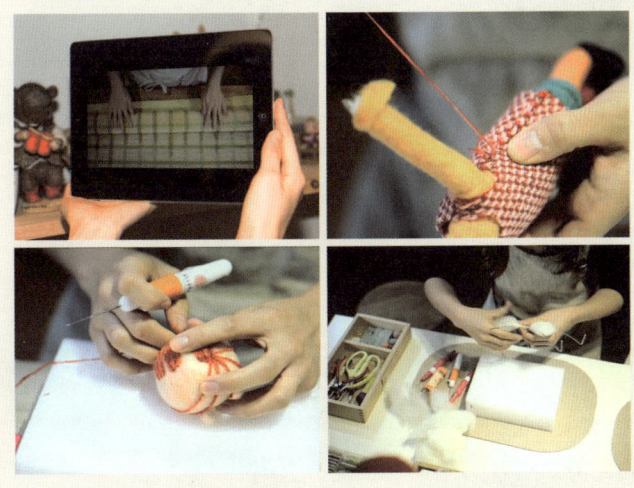

양모펠트 인형 공방, 미튼스튜디오

미래의 수공예숍 오너를 위한 조언

"세상에 공짜는 없잖아요. 서울시 청년창업지원센터의 지원이 공짜처럼 보이지만 절대 그럴 리 없습니다. 혜택을 받는 만큼 지켜야 할 규칙도 많고 작성해야 할 보고서도 많아요. 어떤 이들은 이러한 규칙에 얽매여 결국 지원을 포기하거나 제대로 창업하지 못하는 경우도 있습니다.

그렇다고 너무 겁먹지 마세요. 이렇게 생각해봐요. '내가 대학 입시 공부를 하고 있구나' 혹은 '자격증을 준비하고 있다'. 그런 마음으로 1년 정도를 창업 공부에 매진한다고 말이에요. 무언가 시작하기 전에 공부라는 걸 하기 마련인데 창업은 유독 무턱대고 실전으로 바로 들어가는 것 같습니다. 창업 지원 프로그램들은 창업에 대해 공부시켜주는 과정이 아닐까요? 자금을, 공간을, 혹은 다른 여러 경험을 얹어주면서 말이에요. 이 모든 것들이 성장을 위한 수련이라고 생각하면 그리 스트레스 받을 일은 아닐 거예요.

만들기에 관한 이야기도 하고 싶습니다. 만약 수공예를 시작한 지 얼마 되지 않아 만드는 솜씨나 결과물이 만족스럽지 않더라도 숨기지 마세요. 못 만든 작품도 자꾸 보여주고 남들에게 평가받아야 합니다. 그런 의미에서 수공예와 관련된 다양한 박람회에 참여해보길 권합니다. 이런 자리에서는 피드백을 바로 얻을 수 있으니까요. 사람들이 무엇을 좋아하는지 쉽게 파악할 수 있어요. 자신에게 부족한 점도, 보완할 점도 그렇게 발견해낼 수 있을 거예요."

4

브랜드는 어떻게 만들어야 할까?

이름, 로고 디자인, 공간 구성까지 내 색깔을 드러냈습니다

향초 공방,
이본느모건 | 이명성

"브랜드 이름과 로고는
손님을 만나는 첫 얼굴이에요.
사람처럼 제품도 첫인상이
매력적이면 좋잖아요.
부르기 쉽고 호감을 살 수 있는
이름과 이미지를 만들어보세요."

향초 공방, 이본느모건

나의 수공예를 소개합니다
향초 공예

전용 왁스를 녹이고 향이 나는 오일을 섞은 뒤 굳혀 향초를 만든다. 다른 수공예에 비해 까다로운 손재주가 필요하지 않고 과정이 쉬워 창업 진입장벽이 낮은 편이다. 상품 가치를 높이려면 세밀한 온도 조절과 블렌딩 노하우가 필요하다. 말린 꽃, 플라스틱 장난감을 넣거나 다양한 컨테이너를 사용해 차별화를 꾀하기도 한다.

나의 수공예숍을 소개합니다
이본느모건(Yvonne Morgun)

연남동의 향초 공방. 공방에서 만드는 향초 냄새 덕분에 두 블록 이전부터 이본느모건이 가까이 있음을 알 수 있다. 향초를 담는 용기인 컨테이너를 다양하게 쓰고 실험적인 제품을 수시로 선보인다. 원데이 클래스와 창업반을 운영하며 삶에 온기를 불어넣어 줄 수 있는 라이프스타일 브랜드를 꿈꾼다.

형태	오프라인 공방(4.5평) 운영
오픈	2014년 1월
개업 자금	1천만 원
자금 조달 방법	각종 아르바이트를 해서 모은 돈
주 고객층	20~30대 여성과 남성
월 매출	500만 원
운영 시간	12:00~20:00(일요일 휴무)
주소	서울시 마포구 동교로25길 58(연남동)
전화	070-7622-9609
홈페이지	www.yvonnemorgun.kr

나를 소개합니다

이명성(34)

대학과 대학원에서 회화를 전공했다. 스무 살 때부터 공방을 차리기 직전까지 갤러리, 카페, 테마파크 등에서 아르바이트하거나 프리랜서로 일하며 생활해왔다. 정규직으로 회사에 다닌 경험은 없지만 그렇다고 책임감 없이 대충 일한 적은 없다. 향초 공방 이본느모건을 열면서 자신의 브랜드를 만드는 데 성공했고 앞으로는 향초 외에 다양한 라이프스타일 제품으로 브랜드 영역을 확장해나갈 예정이다.

브랜드 이름 짓기, 어렵지 않아요

창업할 아이템을 결정했다면 다음 단계는 무엇일까? 브랜드 이름을 정하는 거다. '브랜드'라고 하면 세계적인 기업, 거대 자본, 시스템화된 프랜차이즈 이미지가 떠올라 왠지 부담스럽기도 하다. 거창하게 뭘 그런 것까지 있어야 하나 싶을 수도 있다. 하지만 누군가에게 제품을 내밀었을 때 상대방은 곧장 물을 것이다. "예쁘네요. 무슨 브랜드예요?"라고. 이름이란 부르고 불리기 위해 존재하기 때문에 한 번 정하면 바꾸기 어렵다. 그러니 애초에 심사숙고하여 지을 일이다. 혹시 아나, 골목의 작은 수공예숍이 글로벌 브랜드로 성장하게 될지.

브랜드 이름의 중요성을 잘 아는 향초 공방 이본느모건의 대표 이명성 씨는 아주 특별한 수업을 진행한다. 향초를 만드는 원데이 클래스 외에 브랜드 만들기 수업인 창업반 클래스를 따로 운영하는 것. 보통 이런 창업 관련 수업은 창업지원센터나 전문적인 교육 기관에서나 들을 수 있지만 이명성 씨는 소위 '필드'의 노하우를 나누고 싶었다. 그것도 1:1로. 클래스에는 주로 회사가 아닌 자신의 일을 하고 싶어 하는 30대 이상의 사람들이 모여들기 시작했다.

8회의 커리큘럼으로 짜인 창업반 클래스 중에서 수강생들이 가장 어려워하고 오래 걸리는 게 바로 브랜드 이름을 짓는 일이란다. 이명성 씨는 몇 가지 과정을 통해 수강생들에게 방법을 알려준다. "가장 쉬운 게 자신의 이야기에서 키워드를 뽑는 거예요. 좋아하는 것, 어릴 적 별명, 자주 쓰는 말버릇 같은 거요. 뽑은 키워드가 제품과 어울리는지 매치해보고, 발음했을 때 입에 잘 붙는지, 두세 번 반복해 불렀을 때 자연스러운지, 마지막으로 글자를 써봤을 때 배열이 어색하지 않은지를 체크합니다. 어렵죠. 그래서 8주가 지나도록 마땅한 이름을 못 찾기도 하고요. 그래도 제대로 해야죠. 이름 하나로도 마케팅하는 세상이니까요."

브랜드 이름의 후보가 정해지면 로고를 만들고 라벨 디자인을 해준다. 수강생에게 미리 디자인 모티프로 쓸 이미지를 50개 정도 찾아오라고 숙제를 내준다. 그런데 막상 찾아온 이미지를 보고 있자면 공통점을 거의 찾을 수가 없다. "정말 봐서 예쁜 것만 찾았지 브랜드 이름, 제품, 타깃층의 선호도나 취향은 고려하지 않았기 때문이죠. 요즘에는 예쁘지 않으면 안 사요. 손님들 취향도 갈수록 수준이 높아지고 있고요. 이름과 잘 어울리면서 따로 떼어놓고 봐도 예쁜 디자인을 해야 하는 이유입니다."

　브랜드 네이밍과 디자인은 향초를 만드는 것처럼 시간만 들인다고 뚝딱 나오는 게 아니라는 걸 이명성 씨는 잘 알고 있다. 그래서 과정이 마무리된 후에도 서로 납득할 수 있는 수준의 결과물이 나올 때까지 몇 번이고 피드백을 주고받는다. "향초 공방의 창업반 클래스지만 끝나고 꼭 향초로 창업할 필요는 없어요. 브랜드 네이밍과 디자인 과정을 통해 나의 기호를 파악했으니 그걸 활용해 다른 일을 할 수도 있을 거예요. 내가 만든 제품이 하나의 브랜드가 되어 소비자를 만나고 판매로 연결되는 포인트를 배운 셈이니까요."

삶의 태도가 그대로 브랜딩이 되다

브랜드 네이밍과 로고 디자인을 잘하는 것만큼 중요한 게 또 있다. 브랜드 콘셉트를 제품과 서비스, 이것을 판매하는 공간까지 일관되게 적용하는 것, 브랜딩(Branding)이다. 전문 용어 같아 부담스러울 수도 있겠지만

겁먹을 필요는 없다. 브랜드를 만드는 게 아주 특별한 일이 아니듯 브랜딩도 마찬가지니까. 이명성 씨도 브랜드 이름을 정하고 공간을 꾸미고 향초를 만드는 동안에는 몰랐다. 그러나 창업하고 얼마 지난 후에야 공방을 열기까지의 시간, 기울인 모든 노력이 브랜딩 그 자체였음을 깨닫게 되었다. 20대 이후 자신이 근 10여 년 간 풀어낸 삶의 태도가, 짬짬이 배워왔던 모든 경험이 고스란히 자신의 가게에 드러났기 때문이다.

  대학과 대학원에서 회화를 전공한 이명성 씨는 공방을 열기 전까지 비정규직으로 생활해왔다. 갤러리에서 오랜 시간 어시스턴트 큐레이터로 일하며 전시 오프닝, 워크숍, 행사 보조, 펀드레이징, 큐레이팅 등에 관련된 온갖 잡다한 업무를 했고 때로는 프랜차이즈 카페의 매니저로, 때로는 테마파크에서 일하기도 했다. 사람 손 많이 타고 고된 데다가 정말 즐겨야만 할 수 있는 일들이었다. 노동 강도가 높고 급여는 충분치 않았지만 공간에 맞는 기획력, 사람을 대하는 태도, 트렌드를 파악하는 감각을 키운 시간이었다.

  과연 먹고살 만했을까? 정말 비정규직도 괜찮았던 걸까? "일찍 독립한 탓에 늘 돈을 벌어 썼지만 굳이 소속에 대한 열망은 없었어요. 애초에 입사에 대한 갈망이 없었으니 토익 공부를 한 적도, 자기소개서를 써본 적도 없고요. 대개 사람들이 생각하는 직장인의 삶이 저하고는 맞지 않는다고 생각했습니다."

  그러다 어느 날 또 다른 회사에 비상근직으로 출근하게 되었다. 허브, 향초, 디퓨저 같은 향 제품을 전문으로 취급하는 회사였는데 판매 중인 제품의 패키지 디자인이 별로였다. 그것만 리뉴얼해도 매출이 훨씬 오를 것 같아 사장님께 제안했는데 흔쾌히 한번 해보라는 허락을 받았다.

그림도 꾸준히 그려왔고 디자인 프로그램도 사용할 줄 알았던 터라 즐겁게 작업했다. 무엇보다 손님들의 반응이 월등히 좋아져 기뻤다. 이명성 씨는 여기서 멈추지 않고 홈페이지 제작을 가르치는 학원에 다니며 회사를 위해 온라인 쇼핑몰을 만들었다. 온라인 쇼핑몰의 매출은 첫 달에 200만 원, 2년 반 뒤 회사를 그만둘 무렵에는 2천400만 원을 찍었다.

　회사에서 받는 월급의 크기만 생각했다면 절대 할 수 없는 일이었다. 비상근으로 드문드문 회사에 나가면서도 오로지 회사 브랜드를 더 돋보이게 만들 수 있는 방법을 생각하다 보니 이룬 성과였다. 회사도, 이명성 씨도 디자인과 그걸 보여주는 창구의 이미지가 얼마나 중요한지 깨달았다. "별다른 인센티브를 받지는 못했지만 두 가지는 확실히 알게 됐죠. 내 브랜드를 론칭해도 잘 이끌어갈 수 있겠다는 자신감이 생겼다는 것과 뭐든 시작하면 3년은 버텨봐야 한다는 걸요."

나다운, 내 브랜드를 만드는 것

처음부터 향초 공방을 열 계획은 아니었다. 일단 공간을 열고 개인 작업을 하면서 '내 브랜드'를 만들고 싶었다. 머리 위에 전구불이 딸깍 켜지면 바로 실행에 옮겨야 하는 영혼들. 이명성 씨도 그랬다. 그 길로 집 근처 연남동에 공간을 알아봤다. 문제는 월세. 이 통장 저 통장 긁어모아 보증금 1천만 원을 겨우 꾸렸지만 당장 월세 60만 원을 구할 방법이 요원했다. 그때 떠올린 게 향초였다. 이명성 씨는 향 전문 회사에 다닐 때 향초를 직접 만들어보았고 호기심에 국내에서 발간된 관련 서적까지 모조리 읽은 터였다. 어디 그뿐이랴. 향초 관련 전문 과정 수강, 과외해본 경험을 살려 집에서 진행한 향초 클래스까지, 알게 모르게 향초와 인연이

4 / 브랜드는 어떻게 만들어야 할까?

자유분방한 성격의 이명성 씨는 향초를 만들 때에도 다양한 시도를 한다. 유리컵이나 화병을 컨테이너로 사용하고 크리스마스 시즌에는 케이크 모양의 향초도 선보였다. 최근에는 벌집같이 생긴 밀랍왁스를 돌돌 말아 긴 양초를 만들었다.

향초 공방, 이본느모건

깊었다. 브랜드를 시작하는 첫 아이템으로 향초가 알맞아 보였다. "처음 공방을 열고 만든 향초를 팔기 위해 일부러 파티를 열었어요. 놀러 온 지인들이 향초를 사갔는데 그날 하루만에 한 달 월세를 충당할 만큼 매출이 나온 거예요. 이거다 싶었죠."

평소 수공예와 브랜드에 관심이 많았던 이명성 씨는 KBS 교양 프로그램 〈100년의 가게〉의 애청자였다. 특히 '프랑스 향수의 자존심을 담다-112년 향수병제조명가 월테스페르제'편을 보면서 많은 영감과 아이디어를 얻었다. 향수를 담는 케이스도 작품이 될 수 있다는 생각으로 수제 향수병을 제작하는 회사 이야기였는데 일일이 손으로 만든 아름다운 향수병들이 향수의 가치까지 높여주는 듯했다. 이명성 씨는 향의 종류만큼 다양한 크기와 형태, 색상의 컨테이너를 선보이는 것으로 제품 선택의 폭을 넓히고 향초마다 매력을 부여했다. 비슷한 가격대의 다른 향초 브랜드와 차별화되는 점 중 하나다. 또 질 좋은 향초를 만드는 데 최선을 다하지만 무리해서 좋은 오일을 블렌딩하거나 너무 비싼 재료를 사용해 가격이 높아지는 건 지양한다. 이본느모건은 아직 아는 사람보다는 모르는 사람이 더 많은 브랜드인지라 고객을 끌어들이고 재구매를 유도하려면 가격 경쟁력이 필수이기 때문이다.

제품을 파는 보통의 매장처럼 공간을 꾸미지 않은 것 또한 이명성 씨만의 방식이다. 조용한 연남동 골목에 위치한 이본느모건은 초행길에는 지나쳐버리기 쉬울 정도로 작고, 비밀스런 공방이다. 5평이 채 안 되는 공간에 향초, 디퓨저, 컨테이너들이 툭툭 쌓여 있는데 신기하게도 산만하지 않고 제품과 집기, 공간과 향이 하나의 유기체처럼 움직이며 그들만의 질서를 갖고 있다는 느낌이 든다. "제 삶의 방식과 같아요.

목표나 질서를 정하기보다는 현재 상황과 환경에 충실하죠. 자연스럽게 녹아들고 유동적으로 움직일 수도 있고요."

요즘은 어디서나 향초를 판다. 플리마켓에서도, 각종 원데이 클래스에서도 향초라는 키워드는 자주 발견된다. 흔해졌다는 건 그만큼 전체 시장 규모가 커졌다는 말로 바꿔볼 수 있다. 향초는 더 이상 독특한 아이템이 아니다. 그러나 닳아 없어지는 소모품이고 재구매율이 높은 제품이라 수요는 꾸준하다. 향초는 시작일 뿐, 이명성 씨는 '일상을 더 따뜻하게' 라는 슬로건 아래 또 다른 제품 라인을 구상 중이라고 했다. 얼마 전부터는 직원도 한 명 들였고 매출도 안정적으로 나오는 편이다. 15년 가까이 같은 태도로 삶을 살아온 이명성 씨는 자신의 모습 그대로를 브랜드화하는 데 성공했다. 남은 건 그 태도를 일관되게 유지하면서 이본느모건을 다듬고 키워가는 일이다. 치열하고, 느긋하게. *written by* 신정원

이본느모건's Check Point

운영 포인트
원데이 클래스와
창업반을 함께
운영했다

기본 캔들, 레터링 캔들, 플라워 오너먼트, 석고 방향제 만들기를
진행하는 원데이 클래스는 6만~8만 원으로 누구나 부담 없이 배울
수 있는 과정이다. 반면 향초를 전문적으로 배우고 싶어하는 사람들을
위해서는 밀도 높은 클래스를 따로 운영한다. 바로 창업반. 향초로
창업하길 원하거나 이미 향초 사업을 하고 있지만 제품 개발이나
특색 있는 브랜드를 위한 브랜딩을 배우려는 사람들을 대상으로 한다.
8주 과정으로 100만~160만 원에 수강이 가능하며 1:1 수업으로
이루어진다.

아이템 포인트
다양한
컨테이너를 사용해
차별화했다

향초 공예는 만들기가 쉬워 누구나 도전해볼 만한 분야다. 이런
이유로 몇 년 새 향초 브랜드가 급증했고 이본느모건만의 브랜드
콘셉트를 확실하게 보여줄 필요가 있었다. 이본느모건은 일반적으로
향초 컨테이너로 사용하지 않는 다양한 스타일의 용기를 사용한다.
컵, 과자의 틴박스, 도자기, 잼병 등 각양각색의 컨테이너를 구경하는
재미가 쏠쏠하다. 최근에는 재래시장에서 가져온 옻나무를 이용해 몰드
캔들을, 호두 껍질을 넣어 티라이트를 만들기도 했다.

인테리어 포인트
집에서 쓰던 것들을
그대로 이용했다

창업 초기에는 단돈 만 원도 아쉽다. 처음부터 공간에 큰돈을 들이지
말자. 최소한의 선반이나 테이블만 들이고 집에서 쓰던 집기나
수납장 등을 가져다 두고 시작하기를 권한다. 한두 달 운영하다 보면
과연 제품은 어느 정도 만들어야 할지, 한 번 만들 때 필요한 집기는
얼마만큼인지, 부자재와 재고는 어디에 어느 정도 두는 게 적당한지
감이 잡힌다. 그때 더 필요한 집기, 수납장, 선반 등을 들이고 설치해도
늦지 않다. 그리고 공방이란 원래 조금 때 타고 낡은 느낌이 있어야 더
멋스러운 법이다.

미래의 수공예숍 오너를 위한 조언

"친구들끼리 저희 공방 앞을 지나가면서 '너도 이런 거 하나 해', '그럴까?' 하는 대화를 심심찮게 들을 수 있어요. 공간 크기도 작고 향초 만들기가 쉬우니까 쉽게 시작할 수 있을 것 같나 봐요. 하지만 생각이랑 정말 달라요. 막상 가게를 열면 하고 싶은 일은 전체 일의 10% 정도밖에 안 돼요. 웬만한 각오 없이는 힘들죠.

손재주 좋은 사람들은 예쁜 거 좋아하고 보는 눈이 높은 경우가 많죠? 그런데 내 눈이 높다고 해서 내가 만든 제품도 그러리라는 보장은 없거든요. 자신의 감각이 제품으로 구현되려면 연습과 노력이 필요해요. 또 대상 고객들이 어떤 미적 기준을 갖고 있는지, 그들이 이걸 사고 싶어 할 것인지도 고려해야 하고요. 품질이 중요하다고 생각해서 좋은 재료를 한껏 넣는 바람에 제품 단가가 올라갔는데, 질을 떠나 좀 비싸다 싶으면 안 사는 분들이 정말 많거든요. 이런 경우도 염두에 두어야겠죠.

수공예 제품이라고 해서 당연히 돈을 더 받아도 된다는 생각도 경계하세요. 고객은 3시간 걸려 만들었는지, 6시간 걸려 만들었는지 알지 못해요. 오로지 눈앞에 있는 제품으로만 본단 말이죠. 솔직히 상품성은 공장 생산 제품이 더 나은 경우가 많아요. 만약 수공예로 만든 것과 공장에서 만든 제품이 육안으로 별 차이가 없다면 누구라도 가격 경쟁력이 좋은 걸 사겠죠. 더 비싸게 받으려면 그 이유를 명확하게 드러낼 수 있어야 해요. 마감이든, 디테일이든요."

나에게 맞는 공간은 어딜까?

번화가 옆 작은 골목을 찾았습니다

천연 비누 공방,
비뉴 | 송혜정

"적은 돈으로 당장 시작할 수 있는
동네를 찾았습니다. 굳이 많은
돈을 들여 중심상권에 자리 잡을
필요는 없다고 생각했기 때문입니다.
요즘은 무엇이든 SNS를 통해
먼저 접하고 골목 구석에 있는
구멍가게까지 찾아다니는 세상이니까요."

천연 비누 공방, 비뉴

나의 수공예를 소개합니다
천연 비누 공예

화려한 비누보다 올리브오일, 허브 등 자연에서 얻은 천연재료 성분으로 몸에 좋은 비누를 만든다. 천연 비누는 자극이 적고 피부 보습이나 재생, 향균 효과가 뛰어나다. 같은 배합으로 만들어도 시간, 기온, 습도, 보온 상태에 따라 완성되는 비누가 조금씩 다르다. 최소 한 달 동안 숙성과 건조를 반복해야 하므로 대량생산이 어렵다.

나의 수공예숍을 소개합니다
비뉴(Be New)

먹을 수 있는 천연재료만을 사용해 제작하는 수제 비누 브랜드. 아토피, 민감성 피부의 여성들이 많이 찾는다. 비누 공방을 준비하는 이를 위한 클래스를 비롯해 마카롱 비누, 향초, 고체 방향제 만들기 등의 클래스도 진행한다.

형태	오프라인 공방(7평) 운영
오픈	2012년 10월
개업 자금	동업자와 각 600만 원씩
자금 조달 방법	직장생활과 아르바이트로 모은 쌈짓돈
주 고객층	20~30대 여성
월 매출	약 500만 원
운영 시간	11:00~20:00(일요일·공휴일 휴무)
주소	서울시 마포구 성미산로 174(연남동)
전화	02-6497-7775
블로그	www.benew.co.kr

나를 소개합니다
송혜정(33)

광고창작과를 졸업하고 자신의 적성을 시험하며 홍보대행사, 유통 업체 등 다양한 분야에서 9년간 일했다. 잠시 백수로 지내던 어느 날, 우연히 수제 천연 비누를 써보고 그 매력에 빠졌다. 좋아하는 친구와 하고 싶은 일을 해보고자 작당하고 서른에 새로운 일, 비누 만들기를 시작했다.

지금 당장 시작할 수 있는 동네를 찾다

창업의 성패 여부는 입지에 의해 결정된다 해도 과언이 아니다. 흔히 유동인구, 역세권, 거주인구 등을 따지고 자리를 잡아야 성공한다고들 하지만 요즘은 상황이 조금 달라졌다. 비싼 자릿세를 내며 무리하게 가게를 시작하기보다 번화가를 조금 비켜나더라도 자신만의 색을 뚜렷이 낼 수 있는 장소를 선택하는 젊은이들이 늘고 있기 때문이다. 브랜드 매장들이 늘어선 신사동 가로수길을 피해 모인 가게들이 만든 세로수길, 이태원역 주변을 벗어나 경리단길, 우사단길과 해방촌의 작은 골목이 주목받는 이유도 이 때문이다.

　최근 핫플레이스로 떠오르는 연남동도 마찬가지다. 시끌벅적한 홍대 앞보다 옛 동네의 정취를 그대로 간직한 이곳에 소소한 재미와 여유로움을 찾는 사람들의 발길이 끊이지 않는다. 특히 연남동의 매력은 골목길마다 작업실, 책방, 카페, 레스토랑 등이 어느 하나 튀지 않고 주변과 잘 어우러져 있다는 점이다. 새로 지은 건물, 번지르르한 공간보다 허름한 건물을 잘 손봐 소박하게 차린 가게가 많다. 연남동 동진시장 근처 주택 골목에 자리 잡은 천연 비누 공방 '비뉴' 역시 그렇다. 오래된 피부관리실과 나란히 붙어 있어 주의 깊게 살피지 않으면 그냥 지나칠 만큼 동네에 자연스레 스며들어 있다.

　송혜정 씨는 비뉴를 론칭한 2012년이 연남동이 '뜨기 전'이었기에 더 부담 없이 시작할 수 있었다고 말한다. "지인이 연남동에 살아서 이 골목을 알고 있었어요. 비뉴가 있기 이전에는 문 닫은 무명 점포였는데 셔터문으로 반쯤 가려져 있어 사람들 눈에 잘 띄지도 않았죠. 보증금 1천만 원에 월세 50만 원이었으니 둘이 함께 내면 부담이 없을 것 같아

계약했어요. 요즘에는 블로그나 SNS을 통해 골목 구석에 있는 구멍가게도 찾아다니는 세상이라 입지 조건을 따지진 않았어요. 당시에는 지금 당장 무언가를 시작할 수 있는 공간을 갖는 게 더 큰 목표였거든요."

동네에 스며들게 꾸미다

10평 남짓한 공간을 저렴하게 구하기는 했지만 손봐야 할 곳이 한두 군데가 아니었다. 예산도 아낄 겸 친구와 함께 직접 벽지를 뜯고 페인트칠을 하고 간판까지 달았다. 특히 간판은 기존에 있던 것을 벗겨내고 시트지만 덧붙인 거라 외관만 보면 정말 오래된 동네 터줏대감 같은 인상이다. 하지만 안으로 들어서면 심플하면서도 빈티지 느낌을 살린 인테리어가 마음을 사로잡는다. "너무 세련되게 만들면 동네와 이질감이 생길 것 같았어요. 그래서 옆집 간판과도 어울리게 있던 간판을 그대로 사용했어요. 보통 비누 공방들은 꽃과 식물을 테마로 한 프로방스풍의 인테리어를 많이 하는데 저는 동네와 잘 어울리고 젊은 여성들에게도 어필할 수 있는 빈티지 스타일로 디자인했습니다. 공간이 화려하면 비누가 눈에 잘 안 들어올 것 같기도 했고요." 비뉴를 찾아오는 여성들 대부분이 '천연 비누'나 '원데이 클래스' 등을 검색하다 이곳을 알게 되는데 공간에 호기심을 갖고 방문하는 이들이 꽤 많다고 한다. 오래되고 낡은 듯한 느낌과 따뜻한 분위기를 좋아해주는 사람이 많다.

   비뉴가 본격적으로 알려지기 시작한 건 지난해 잇따라 잡지와 신문에서 연남동에 대한 이슈가 나오면서부터다. "연남동이 떠오르는 핫플레이스로 소개되면서 덩달아 비뉴도 더 많이 알려지기 시작했습니다. 잡지에 소개되고 방송 출연도 하게 됐죠. 매체의 도움을 받아 인지도를 높일 수

있었어요." 요즘 연남동을 지켜보면 가로수길이나 삼청동처럼 자본에 의해 본래 가지고 있던 매력을 잃게 될까 봐 괜히 염려스럽다. 송혜정 씨는 아직 별 탈 없이 작업실을 운영하고 있지만 그의 고민을 들어보니 다음 단계를 위한 마음의 준비는 하고 있는 듯하다.

성공의 열쇠는 타이밍이다

송혜정 씨는 비뉴의 성공 요인으로 타이밍을 꼽는다. 연남동이 뜨기 전 저렴하게 자리를 잡을 수 있었던 것도 타이밍, 매체에 비뉴가 소개된 것도 타이밍, 의식 있는 소비와 인디 브랜드가 주목받으면서 비뉴까지 관심받는 것도 모두 타이밍이 좋아서라고 한다. 한때 연남동에 살던 주민이 제주도에 내려가 렌탈하우스를 운영하며 손님들을 위한 선물로 비뉴를 선택한 것도, 화장품 브랜드와 협업을 통해 프로모션 상품을 만들 수 있었던 것도 모두 타이밍 덕분이란 것. "명품보다 개성 있는 인디 브랜드를 좋아하는 사람들이 많아지며 소비자들의 성향이 바뀌었어요. 개인이 아무리 열심히 한다고 해도 대기업 브랜드를 상대로 경쟁하는 건 현실적으로 어렵잖아요. 그래서 인디 브랜드나 소규모 수공예품을 선호하는 사람을 타깃으로 비뉴를 브랜딩했습니다."

하지만 제아무리 좋은 최적의 타이밍이라도 어디 좋지 않은 물건에 사람들이 반응을 보이겠는가. '천연재료로 만든 핸드메이드 제품'이라는 타이틀이 늘 자신을 지켜보고 있는 것 같다며 정성을 다해 양심껏 만들었기 때문에 좋은 호응을 얻을 수 있었던 것이리라. 여기에 실제와 크게 다르지 않은 모양과 사랑스러운 컬러를 가진 비뉴의 마카롱 비누가 입소문을 타며 공간을 연 지 6개월 만에 손익분기점을 넘었다. '마카롱 비누 만들기' 클래스는 비뉴의 블로그에 공지를 올렸다 하면 눈 깜짝할 사이에 마감된다. 재밌는 추억을 만들기 위해 친구나 연인들이 주로 찾는다고. 이렇게 한 번 공간을 찾아온 사람들이 또다시 찾아오는 건 쉽다. 단골손님이 되는 것이다.

"분명 공간이 주는 힘이 있는 것 같아요. 택배 배송을 부탁하는 손님도 있지만 가급적 온라인 판매는 지양하고 작업실에 직접 방문하기를 권해요. 누가 어떤 공간에서 어떻게 만들었는지 직접 보여드리며 신뢰를 드리고 싶거든요." 송혜정 씨는 손님을 직접 마주 대하는 만큼 피부 관리에 신경을 많이 쓴다. 피부에 좋은 비누를 만들고 있다는 사람이 여드름이라도 나 있으면 브랜드에 대한 신뢰가 와르르 무너지기 때문이다. 그렇다고 비뉴의 비누가 무조건 좋다고 말하거나 많이 팔겠다고 무리하게 가짓수를 늘리지도 않는다. 손님에게 신뢰를 주고 소신을 담은 제품으로 일일이 대면하는 것, 바로 비뉴가 타이밍을 제 것으로 만든 진짜 비법이다.

친구와 함께라 할 수 있었던 시작

지금은 송혜정 씨 혼자 비뉴를 운영하고 있지만 사실 시작은 둘이었다. 절친한 대학 동기이자 친구 김유진 씨와 함께 만든 비뉴는 '가늘고 길게 멀리 갈 수 있는 시장성'에 대해 고민하다 만든 브랜드이다. 같이 놀러 간 서래마을 거리에서 샘플로 받은 천연 비누를 사용해보고 직접 만들고 싶어져 함께 비누 공방에 등록했다. 꾸준히 하다 보면 앞으로 수요는 있겠다 싶었다.

2012년 5월 비누 만드는 것을 배우고 8월에 연남동 작업실을 얻어 10월에 문을 열었으니 이들의 실행력이 참 놀랍기도 하다. "대학을

벽면 곳곳에 마련된 비누 진열대는 셀프 인테리어의 흔적들이다. 자투리 합판과 노끈, 못을 이용해 필요한 만큼 간이 진열대를 만들어 달았다. 진열장 위에 놓인 마카롱 비누는 색깔이 곱고 모양도 진짜 마카롱과 비슷해 선물 아이템으로 인기가 높다.

졸업하고 홍보대행사, 유통 업체, 극단 스태프, 디자인 대학원 조교 등 9년 동안 다양한 직업을 가졌어요. 처음부터 적성에 맞는 직업을 가질 수 있다면 행운이지만 그렇지 않을 경우엔 여러 가지 분야를 경험해도 괜찮다고 생각하거든요. 비누 공방에 다닐 때는 백수였기 때문에 마음만 먹으면 당장 무엇이든 시작할 수 있었어요. 둘이 함께라 예산에 대한 부담도 덜했고 심리적으로도 의지가 돼서 쉽게 시작할 수 있었어요."

우선 당장 돈을 벌 수 있을 거라는 기대는 버렸다. 우리만의 공간으로 출퇴근을 하고 유지할 수 있는 정도의 수입이 생긴다면 일단 그것으로 충분했다. 좋아하는 친구와 함께 무언가를 시작한다는 것만으로도 마음이 즐거웠다. 기쁨과 슬픔을 함께하는 것도 좋았고 시간과 일을 배분할 수 있어 움직임도 효율적이었다.

그러던 어느 날 비뉴를 론칭하고 8개월쯤 되었을 무렵, 친구가 갑자기 결혼을 선언하며 비뉴는 존폐위기를 맞았다. "친구가 결혼과 함께 임신을 했어요. 체력이 못 미쳐 더는 일을 못 하게 된 거예요. 혼자서라도 비뉴를 계속해야 할지 아니면 다른 일을 찾아야 할지 고민이었죠. 그러다 비뉴를 시작할 당시에 다짐했던 것들을 떠올려봤어요. '실패해도 괜찮으니 3년만 버텨보자.' 3년 정도면 가게 운영의 웬만한 흥망성쇠는 다 겪어볼 거라고 생각했거든요. 이미 마카롱 비누 만들기 클래스도 알려졌고 비뉴를 좋아해주는 사람들을 떠올리니 이대로 포기할 수 없겠더라고요."

2013년 가을, 온전히 송혜정 씨만의 공간이 된 비뉴는 새로운 도약을 위한 재정비에 들어갔다. 1천만 원을 투자해 공간을 조금 더 다듬고 비누를 만드는 시간도 늘렸다. 둘이 하던 일을 혼자 하려니 노동의 강도는 높아졌지만 노력하는 만큼 대가가 온전히 자신의 것이 되므로 일하는 재미는 더 쏠쏠해졌다.

    이제 비뉴를 시작한 지 햇수로 4년 차, 서른 살이 될 때까지 직업과 적성을 고민하던 송혜정 씨는 다행히 비누를 만드는 일이 잘 맞나 보다. "비누는 어느 집에서나 꼭 쓰는 생활필수품이잖아요. 더 많은 욕실에 비뉴의 비누가 놓이면 좋겠어요. 요즘은 지금껏 지켜온 비뉴의 이미지를 그대로 끌고 가는 게 맞는지, 제품을 좀 더 상품화시켜 다른 곳에도 매장을 여는 게 좋을지 생각 중이에요." 비뉴에 대한 생산적인 고민을 하고 있는 그가 그저 즐거워 보인다. *written by* 박은영

비뉴's Check Point

운영 포인트
단기 클래스를 열어 매장 방문자 수를 높였다

단골손님을 만드는 가장 쉬운 방법은 바로 단기 클래스를 활용하는 것. 비뉴는 2~3시간 안에 완성할 수 있는 단기 클래스를 많이 열어 많은 사람이 매장을 방문할 수 있게 유도했다. 처음에는 클래스에 흥미를 갖고 찾아왔다가 공간이 주는 매력에 이끌려 꾸준히 비뉴를 찾는 이들이 많아졌다. 단골손님에게 더 많은 서비스를 제공하는 건 기본이다.

운영시간을 철저히 지켰다

온라인 숍 없이 오프라인 공방만 운영한다면 운영 시간을 더욱 철저히 지켜야 한다. 비뉴처럼 중심상권에 비켜나 있다면 손님이 발품 팔아 어렵게 찾아오는 경우이므로 언제 올지 모르는 손님을 위해 항상 자리를 지켜야 하는 불편함을 감수해야 한다.

인테리어 포인트
비용 절감을 위해 셀프 인테리어를 택했다

예산도 아낄 겸 원하는 공간의 느낌을 직접 표현하기 위해서 셀프 인테리어를 시도했다. 화려하지 않은 연남동 골목길에 어울리는 빈티지 인테리어를 위해 나무 바닥을 깔고 핸디코트로 벽을 칠했으며 가벽을 세워 손님을 위한 공간과 수납공간을 분리했다. 단, 셀프 인테리어 시 주의할 점이 있다. 튼튼하게 해두지 않으면 보수공사가 필요할 수도 있다는 것. 오래 쓰려면 어느 정도 비용 투자는 필요하다.

홍보 포인트
블로그를 활용해 브랜드에 관한 흥미를 유발했다

노골적인 홍보 포스팅을 하기보다 일상을 소소히 기록한다. 연남동 맛집, 스페인, 프랑스, 서울 곳곳 등 여행 이야기가 주요 콘텐츠. 비뉴를 만드는 사람이 어떤 사람인가를 알리는 것이 제품을 직접 홍보하는 것보다 흥미와 신뢰를 높일 수 있다고 판단했다. 특히 요즘에는 연남동에 대한 이야기를 자주 다루는데 자신이 속한 지역사회가 알려질수록 동네를 찾는 사람도 증가하고 매장 방문으로도 이어지기 때문이다.

미래의 수공예숍 오너를 위한 조언

비누는 만드는 사람에 따라 결과물이 달라져요. 레시피를 어떻게 개발하느냐에 따라 자신만의 스타일을 만들 수 있지요. 마치 요리처럼요. 또한 비누는 피부에 바로 닿는 제품이라 어떤 재료를 사용하느냐가 중요합니다. 그래서 저는 비누 공방이든 수공예숍을 하기 위해서는 무엇보다 양심이 중요하다고 강조해요. 자신이 떳떳하지 못한 제품은 남들도 분명히 알아요.

수공예품의 가치는 하나하나 정성을 다해 만들 때 더 깊어진다고 생각해요. 그래서 기계의 힘을 빌리지 않고 모든 과정을 손수 제작합니다. 만드는 사람의 기운이 비누에 들어간다고 믿거든요. 오일과 각종 천연재료를 한참 저어야 비누가 되므로, 체력을 튼튼하게 관리하고 즐거운 마음을 갖기 위해 노력해요.

그리고 또 하나, 만든 결과물을 사람들에게 어떤 이미지로 전달하느냐가 중요해요. 솔직히 비누 만드는 일은 어렵지 않거든요. 비뉴의 비누가 특별하게 여겨지는 것은 수수하지만 색깔이 있는 인디 브랜드의 이미지를 확실히 보여줬기 때문이라고 생각합니다. 사람들과 소통하고 싶은 수단은 무엇인지, 어떤 사람에게 자신의 물건을 팔고 싶은지 타깃을 명확히 두어야 자신만의 브랜드 이미지를 확실히 그릴 수 있어요.

6

공간 없이 시작할 수는 없을까?

집에서 온라인 숍으로 시작했습니다

손뜨개 온라인 숍,
수작부리기 | 윤한샘

"온라인 숍은 오프라인보다 유지 비용이 적어 부담 없이 시작할 수 있습니다. 페이스북, 인스타그램 등 다양한 종류의 SNS를 활용해 홍보하면 큰 효과를 얻을 수 있어요."

손뜨개 온라인 숍, 수작부리기

나의 수공예를 소개합니다
손뜨개(소품)

___

코바늘과 털실로 생활소품을 만든다.
한 가지 모양의 모티브뜨기만 알아도
모티브 여러 개를 이어 담요, 러그, 가방,
쿠션 등의 다양한 아이템을 만들 수
있고 한 기법만 알면 여러 형태로 응용이
가능하다. 다채로운 컬러를 사용한 코바늘
손뜨개 소품은 밋밋한 공간에 포인트를
주며 집안에 따뜻한 이미지를 더한다.

나의 수공예숍을 소개합니다
수작부리기

___

손뜨개로 직접 만든 리빙용품과
패션소품을 판매하는 온라인 숍.
코바늘뜨기로 제작한 담요, 방석, 가방, 숄
등이 주요 제품이다. 다양한 굵기의 실과
색실을 합사해 수작부리기만의 독특한
컬러를 만들어 사용하는 게 특징이다.

형태	온라인 숍 운영
오픈	2013년 10월
개업 자금	약 800만 원
자금 조달 방법	직장생활하며 저축한 비자금
주 고객층	20~60대 여성
월 매출	약 300만 원
전화	070-4252-3150
홈페이지	www.soozakk.com
블로그	saemmy3.blog.me

나를 소개합니다

윤한샘(41)

조소와 커뮤니케이션 디자인을 전공하고 그래픽 디자이너로 7년간 일했다. 대학 시절 솜씨 좋은 어머니로부터 곁눈질로 배운 코바늘뜨기는 무료한 시간을 달래주는 취미 중 하나였다. 솜씨를 지켜본 주변 사람들의 뜨거운 반응에 힘입어 취미를 업으로 삼기로 결심하고 손뜨개 온라인 숍을 오픈했다.

내 방에서 손쉽게 시작한 사업

잠들기 전 마지막으로 보는 것도 눈뜬 후 처음 맞이하는 것도 스마트폰인 게 내게만 해당하는 이야기는 아닐 테다. 스마트폰이 생활재가 되고 블로그를 비롯해 트위터, 페이스북, 인스타그램 등이 발달하면서, 이제 SNS를 통해서라면 누구나 스타가 되고 유명 브랜드가 될 수 있는 시대인 듯도 하다. 지금이야말로 소규모로 내 사업을 시작하고 싶은 사람들에겐 황금시대가 아닐까? 굳이 공간이 없어도 물건을 팔 수 있고 돈 한 푼 들이지 않고 홍보까지 할 수 있으니까 말이다.

결론부터 이야기하면 부동산 문 두드리고 발품 팔아 공간부터 마련해야 했던 예전에 비해서는 쉽게 가게를 차릴 수 있다. 아무 호스팅 웹사이트에 들어가 집 주소 격인 도메인을 구입하고 땅 격인 호스팅까지 구입하면 기본 준비는 완료. 건물이라 할 수 있는 홈페이지만 구축하면 '만사 오케이~'일 것 같지만, 실은 온라인 숍이라도 엄연히 '숍'이란 점을 기억해야 한다. 시작하기 쉬운 것은 맞지만 제대로, 오래 유지하기는 더 어렵다. 손뜨개 온라인 숍 '수작부리기'를 성공적으로 운영하고 있는 윤한샘 씨가 가장 신경 쓴 것도 제대로 된 온라인 숍을 여는 일이었다.

처음에는 그도 아주 쉽게 생각했다. "뜨개질만 잘하면 모든 게 잘될 거라고 생각했어요. 근데 온라인 숍을 오픈하고 보니 뜨개질은 불과 50%밖에 안 되는 일이더라고요. 택배 박스를 포장해 보내는 일은 기본이고 촬영을 하고 편집해서 홈페이지에 올리는 것만으로도 반나절이 훌쩍 지납니다. 홍보를 위해 페이스북과 카카오스토리도 시작했는데 매체의 특성에 맞춰 편집하다 보면 이것 역시 꽤 많은 공을 들여야 해요."

또한 온라인 숍에게 홈페이지는 브랜드 이미지를 대변하는 곳이므로 신경 써서 만들어야 한다고 생각했다. 홈페이지 기획과 디자인에만 3개월이 넘는 시간을 투자한 이유다. 포토그래퍼 친구의 손을 빌려 제품 촬영에도 정성을 들였다. 하지만 지금까지의 준비는 단지 서막에 불과했다.

온라인 홍보, 안 해본 거 빼고 다 하기

우선 홍보가 필요했다. 오프라인 공방이라면 지나가다 뭐 하는 곳인지 궁금해 들르는 사람도 있겠다만 온라인 숍은 무조건 소문을 내야 찾아온다. 윤한샘 씨는 온갖 온라인 홍보 수단을 다 동원했다. 포털사이트 광고부터 SNS 활동은 물론이고 2006년부터 꾸준히 해온 블로그까지.

우선 포털사이트 네이버의 검색 광고에 눈독을 들였다. 경매처럼 입찰금을 내고 '손뜨개', '핸드메이드' 등 수작부리기와 연관 있는 키워드를 검색하면 높은 가격을 제시한 브랜드부터 순서대로 노출되는 홍보 방법이다. 검색을 통해 수작부리기가 클릭될 때마다 100원 정도의 비용을 지급했는데, 기대만큼 큰 효과를 얻진 못했다. 그다음엔 페이스북 광고를 시도했다. 페이스북 페이지를 만들고 '페이지 홍보하기'를 선택하면 광고 예산이 나온다. 신규 브랜드의 경우 약 1만 원의 비용이면 부담 없이 광고를 시작할 수 있다. 이건 효과가 괜찮았다. 페이스북 페이지 광고는 아는 사람을 중심으로 입소문처럼 확산되는 방식이라 친구 중 한 사람만 '좋아요'를 클릭해도 다른 사람에게 저절로 브랜드가 노출되는 것. 현재 수작부리기의 페이스북 페이지를 좋아한 사람의 수만 1만 1천여 명이나 된다.

하지만 제일 애착이 가고 재미있는 홍보 채널은 블로그였다.

"페이스북도 그렇고, 검색 광고도 온전히 브랜드 홍보를 위한 상업적인 용도로 활용했지만 블로그는 달라요. 제가 브랜드를 론칭하기 훨씬 전부터 알고 지낸 이웃들과 함께해온 공간이에요." 윤한샘 씨의 블로그에는 직접 만든 가방과 담요, 손재주가 많은 어머니와의 추억, 디자인에 대한 관심 등이 고스란히 기록되어 있다. 그 콘텐츠들은 온라인 숍의 역사보다 깊다. 사람들이 수작부리기를 좋아해주고 믿어주는 건 눈만 뜨면 수많은 게 생겼다 사라지는 요즘 같은 시대에 오랜 시간 일기처럼 기록해온 수공예에 대한 관심과 애정 때문이 아닐까 생각한다.

브랜드의 롱런을 위한 시간 관리

조소와 커뮤니케이션 디자인을 전공하고 그래픽 디자이너로 일한 윤한샘 씨에게 사람들은 이렇게 질문한다. "그렇게 공부하고 손뜨개를 왜 해요? 너무 아깝다." 하지만 그의 생각은 다르다. "손뜨개를 누구나 할 수 있는 취미활동 정도로 생각하는 분들이 많아요. 하지만 손뜨개는 컬러와 형태에 대한 감각이 중요한 분야예요. 조소나 그래픽 디자인이 다 이와 연결되죠." 온라인 숍 운영도 윤한샘 씨가 디자이너로 활동한 경험 덕분에 순항하고 있다. "그래픽 디자인 회사에서 일할 때, 일의 양에 상관없이 근무시간대로 생활하는 게 제일 어려웠어요. 9시에 출근하고 6시에 퇴근해야 하잖아요. 문 여는 시간이 따로 없어 나태해지기 쉬운 온라인 숍도 시간 관리가 필요해요. 다만 회사랑 똑같이 근무하는 게 아니라 집중을 잘할 수 있는 시간을 선택해 일하는 게 효율적이죠." 촘촘히 짜여 있는 그의 일과를 들여다보면 이 말이 어떤 의미인지 이해하기 더 쉽다.

우선 오전에는 일을 안 한다. 새벽 1시쯤에 잠들어 오전 10시에 눈뜨면 좋아하는 라디오 방송과 함께 하루를 시작한다. 직접 원두를 볶고 느긋하게 브런치를 만들어 먹으며 온라인 숍의 주문서를 확인한다. 오전은 두뇌를 잠에서 깨우고 여유를 즐기는 시간이다. 오후 1시부터 수작부리기의 본격적인 업무가 시작된다. 우체국 택배 마감 시각인 6시를 기준으로 시간표를 짠다. 제품 포장, 뜨개실 물량 확인 등이 오후 내내 이루어진다. 모두가 퇴근을 준비할 무렵 윤한샘 씨의 2차 일정이 시작된다. 밖이 어둑어둑해질 때쯤이면 집중이 더 잘 되기 때문에 이 시간에 주문 들어온 것과 개발할 패키지 상품, 완제품을 제작한다. 작품 하나를 손에 쥐면 자신도 모르는 사이에 지나치게 몰입해 다른 것에는 손도 못 대는 경우가 많다. 그래서 그 날 만들어야 할 것을 세 가지 정도 정해 2시간씩 시간을 나누어 작업한다. 그러면 어느 것 하나 미루지 않고 진도를 나갈 수 있고 지루하지도 않다.

금요일과 토요일은 클래스가 있는 날. 경기도 광주의 집에서 클래스를 하는 서울 이태원까지 대중교통을 이용해 2시간에 걸쳐 이동한다. 이왕 밖으로 나서는 날인 만큼 촬영 스케줄도 잡는다. 스튜디오에서 촬영하거나 브랜드 이미지와 잘 어울리는 근처 카페에서 손뜨개 소품의 스냅 사진을 찍는다. 이렇게 슬쩍 들여다본 그의 삶이 어떤 이에게는 로망일 수도 있다. 하지만 온라인 숍을 시작한 뒤로는 지난해 겨울 다녀온 2박 3일간의 제주도 여행이 유일한 휴가였을 만큼 주말도 없는 빼곡한 일정을 보냈다.

온라인 숍은 공간이 따로 필요하지 않아 쉽게 시작할 수 있는 반면 시간이 흐를수록 관리에 더 철저해야 한다. 사람들과 직접 대면하지 않는 온라인의 특성상 쉽게 잊힐 수 있기 때문이다. 우리가 볼 수 없는 모니터

크기별로 가지런히 담아놓은 코바늘과 차곡차곡 정리된 실타래에서
윤한샘 씨의 꼼꼼한 성격이 보인다. 집이 곧 작업실이기에 더 신경 써서 정리하는 습관을 들였다.

밖 세상의 일을 알고 보니 온라인 숍 역시 그저 만만히 볼 상대는 아닌 듯하다.

온라인에 대한 꼿꼿한 고집

수작부리기는 온라인 중심으로 운영하는 브랜드이긴 하지만 일주일에 두 번 이태원 근처에 있는 친구의 스튜디오에서 패키지 상품을 구매한 사람들을 대상으로 클래스를 진행한다. "수작부리기에서는 완제품과 패키지 상품을 판매하고 있어요. 완제품은 말 그대로 제가 만든 손뜨개 소품을 파는 것이고, 패키지 상품은 사람들이 직접 만들어볼 수 있게 도안과 재료로 구성되어 있어요. 2만 원의 추가 비용을 지불하면 한 작품이 끝날 때까지 금요일과 토요일에 열리는 클래스에 언제든지 참여할 수 있습니다."

직접 만들어보고 싶어 하는 이들의 손을 거들어보고자 시작한 클래스는 수공예에 대한 사람들의 인식을 변화시켰다. 만드는 재미와 완성했을 때의 보람을 느낀 이들은 완제품보다 패키지 상품을 더 선호할 정도라고. 사실 윤한샘 씨가 판매하는 손뜨개 제품들은 대부분 만들기 쉬운 편이다. 다만 다양한 색실을 합사해 컬러를 독특하게 사용하는 것뿐인데 사람들은 수작부리기만의 개성 있는 컬러에 매력을 느낀다.

클래스에 오는 사람 중에는 수작부리기의 제품을 온라인 숍에서만 판매하는 것이 못내 아쉽다며 공방이라도 차려 달라고 슬쩍 건의하기도 한다. "완제품 하나를 만들려면 많은 시간과 정성이 들어요. 공방을 하게 되면 언제 올지 모르는 손님들을 맞이하느라 제대로 집중할 수 없잖아요. 물건을 많이 판매하기보다 품질을 높이는 게 우선이기에 아직은 온라인 숍에 집중하고 있어요." 이는 윤한샘 씨가 온라인 숍을 열고 홍보를 시작할 때 겪은 시련을 통해 얻은 노하우이기도 하다. 여러 잡지사에 메일을 보내 수작부리기를 알렸지만 대답이 돌아오는 곳은 단 한군데도 없었다. 묵묵히 잘하고 있으면 언젠가 기회는 올 것이라며 작업에 열중했더니 지금은 어디서 알았는지 잡지사와 박람회 업체측에서 먼저 알고 연락이 온다. 특히 지난가을 코엑스에서 열린 서울국제핸드메이드페어에 초대 작가로 참가했는데 이후 수작부리기에 대한 사람들의 관심이 부쩍 늘었다. 이럴 때일수록 더욱 제품의 품질에 열중할 시간이 필요하다고 믿는다.

자신이 좋아하는 일을 직업으로 갖는 것만큼 큰 행복은 없을 것이다. 특히 윤한샘 씨처럼 사람들에게 인정받으며 성장해나간다면 그 행복감이 바로 브랜드를 유지하는 큰 버팀목이 된다. 그렇다고 스트레스가 전혀 없는 건 아니다. 온라인 숍의 특성상 웬만해선 서로 얼굴 볼 일이 없으므로 막무가내인 사람들도 많다. 밤 10시에 주문서를 넣고 아침 9시에 전화해 왜 아직도 배송 준비 중이냐고 항의하는 사람, 지방에서 오후 5시에 주문하고 오늘 중으로 물건이 도착하게 해달라는 사람. 입금은 나중에 할 테니 우선 물건을 보내라는 사람 등 보통 우리가 상상할 수 없는 뜻밖의 사람들을 온라인상에서는 쉽게 마주친다. 이런 황당한 문의 전화로 하루를 시작하는 날이면 풀이 죽어 의욕을 잃을 때도 있다. 하지만 그가 포기하지 않고 계속 전진할 수 있는 이유는 스스로 좋아하는 일을 선택하고 꾸준히 나아가고 있다는 기쁨과 만족, 오직 그것 때문이다.

written by 박은영

수작부리기's Check Point

운영 포인트
홈페이지 디자인과
제품 촬영에
공들였다

오로지 이미지로만 제품을 경험할 수 있는 온라인 숍은 제품 사진과 홈페이지 디자인이 매우 중요하다. 수작부리기 역시 제품 촬영에 많은 시간을 투자한다. 조명보다 자연광을 이용해 따뜻한 이미지를 연출하고 상황에 따라 자신이 직접 모델이 되기도 한다. 일정한 톤을 유지하기 위해 촬영 후 보정은 필수! 이미지가 지루해 보이지 않도록 매번 다른 촬영 공간을 물색해 찍는다.

수작부리기 홈페이지 엿보기
홈페이지 첫 화면의 상단 부분에는 대표 상품을 노출하고 블로그와 바로 연결될 수 있도록 링크를 삽입했다. 제품은 신상품 우선으로 보여준다.

주문과 동시에
배송 준비를 한다

온라인 숍을 이용하는 대부분의 소비자는 '구매'를 누르는 동시에 당일 발송을 기대한다. 대량생산되는 기성품과 달리 핸드메이드 제품은 만드는 시간이 필요하지만 소비자들은 거기까지 생각해주지 않는다. 수작부리기는 미리 여유 있게 제품을 만들어두고 바로 발송이 가능하게 했다.

아이템 포인트
수작부리기만의
독특한 컬러를
만들었다

수작부리기의 패키지 상품은 코바늘뜨기 초보자도 할 수 있도록 쉽게 구성되어 있다. 그만큼 누군가 도안을 도용해 비슷한 제품을 만들 위험도 크다. 또한 누구나 따라할 수 있다는 건 자칫 개성 없는 브랜드로 보일 수 있다는 의미이기도 하다. 윤한샘 씨는 그래픽 디자인을 전공한 이력을 살려 '컬러'에 차별을 뒀다. 다양한 굵기의 실과 색실을 합사해 쉽게 흉내낼 수 없는 수작부리기만의 컬러를 만든 것. 이로써 브랜드 이미지와 아이템의 독창성을 지켜낼 수 있었다.

홍보 포인트
SNS의 특성에 맞춰
홍보했다

SNS는 저마다 채널 성격이 다르므로 각각 콘셉트를 정해 전략적으로 운영해야 한다. 수작부리기는 상업적 용도로 사용하는 페이스북에는 신상품 위주의 제품 소개로, 지인들과 소통하는 카카오스토리에서는 일상을 공유하며 친근한 이미지로, 블로그는 홈페이지와 연결시켜 제품에 담긴 에피소드를 소개하는 역할로 구분했다. 무엇보다 꾸준히 쉬지 않고 운영하는 것이 관건이다.

미래의 수공예숍 오너를 위한 조언

"요즘에는 자신의 브랜드를 가지고 좋은 물건을 만드는 사람이 아주 많아졌어요. 하지만 같은 물건도 어떻게 홍보하느냐에 따라 성공과 실패로 나뉘는 것 같아요. 시작한 지 얼마 안 된 신규 브랜드라면 온라인을 통한 홍보 활동이 가장 생산적이고 효과적이죠. 블로그, 페이스북, 인스타그램, 카카오스토리 등 활용할 수 있는 매체가 많아졌잖아요. 이때 똑같은 글과 사진으로 모든 매체를 도배하는 건 금물이에요. 각 매체의 특성을 파악하고 이미지와 글을 올리는 게 중요해요. 사람들과 어떻게 소통하고 싶은지 콘셉트를 확실하게 하세요.

주변에 기자, 스타일리스트, 포토그래퍼 등 미디어와 관계된 인맥이 있다면 적극적으로 도움을 구하세요. 지금 돌이켜 보니 여성 잡지에 소개된 수작부리기의 인터뷰 기사가 브랜드를 알리는 데 가장 큰 역할을 했더라고요.

그리고 브랜드가 안정기에 들어서면 집과 작업실을 분리하세요. 저도 아직 실행하지 못한 부분이지만 사생활과 일을 구분 짓는 게 지치지 않고 롱런할 수 있는 방법인 것 같아요. 출근하는 것, 책임져야 할 공간을 갖는다는 건 스스로를 긴장시키고 발전시키는 데 도움이 될 것 같아요."

7

나 혼자서 잘할 수 있을까?

가족과 함께, 동료와 함께 꿈을 키웠습니다

패브릭 리빙용품 브랜드,
땀리빙 | 이미정

"브랜드를 운영하며 부딪치는
문제를 같이 고민하고 조언해줄
사람이 필요했습니다.
엄마와 제품을 함께 만들고,
프로젝트 그룹의 일원이 되었습니다.
엄마와 친구들 덕분에
여기까지 무사히 올 수 있었어요."

패브릭 리빙용품 브랜드, 땀리빙

나의 수공예를 소개합니다
바느질(생활소품)

원단을 재단해 손바느질과 재봉으로 주로 소품을 만든다. 손재주도 있어야 겠지만 원단의 특성과 그에 적합한 디자인, 제품까지 잘 알아야 하는 분야다. 리빙용품을 만든다면 물로 빨아 쓸 수 있는 캔버스나 면 재질의 원단을 쓰고, 패션소품을 만든다면 구김이 적은 소재를 택하는 게 좋다.

나의 수공예숍을 소개합니다
땀리빙(Ddam-living)

엄마와 딸이 함께 만드는 패브릭 리빙용품 브랜드다. 주로 앞치마, 키친 클로스, 플레이트 매트 등의 리빙용품을 만들며 가방, 파우치, 쿠션 등의 패션소품도 선보인다. 한 땀 한 땀 정성 들여 만든다는 뜻으로 땀리빙이라 이름 지었으며 일상에 작은 위로가 되는 제품을 만들고자 한다.

형태	온라인 숍 운영, 플리마켓 및 편집매장 입점 판매
오픈	2013년 11월
개업 자금	300만 원
자금 조달 방법	개인 자금, 창업 지원금
주 고객층	일상의 작은 즐거움을 찾는 모든 사람
월 매출	150만 원
전화	02-779-8577
홈페이지	www.ddam-living.com

나를 소개합니다

이미정(32)

막연히 디자인을 하고 싶다는 열망으로 미대에 입성했으나 전공 선택에는 실패했다. 배운 게 도둑질이라고 목조형가구를 전공했으니 어떻게든 가구 디자인을 해보려 애썼지만 녹록지 않았다. 그럴 바에야 하고 싶은 일을 하자 싶어 평소 해오던 취미를 본업으로 업그레이드해 땀리빙을 론칭했다.

인생의 조력자, 엄마와 함께하다

슬픔은 나누면 반이 되고 기쁨은 나누면 배가 된다. 이 문장은 곧 창업에도 적용할 수 있다. 위험요소에 대한 부담감은 나누면 반이 되고 매출의 기쁨은 나누면 배가 된다. 물론 동업은 쉬운 게 아니다. 특히 불안정한 창업 초기에는 아주 사소한 의견 차이로 관계가 틀어지고 그러다 갈라서기도 한다. 손수 디자인하고 만들어야 하는 수공예 분야에서 동업하려면 솜씨조차 닮았거나 아예 디자인과 제작, 홍보 및 마케팅으로 역할을 나눠 일해야 다툼이 적다. 동업이란 결국 힘을 합해 브랜드를 성공적으로 론칭하고 이끌어가는 일. 파트너를 절반의 지분을 가진 동업자로 생각하기에 앞서 같은 목표를 향해 걷는 동행자로 여기면 뭐든 한결 수월해진다. 앞치마, 키친 클로스, 플레이트 매트, 가방, 파우치, 쿠션 등을 판매하는 패브릭 리빙용품 브랜드 땀리빙을 운영하는 이미정 씨는 운 좋게도 동업보다 동행을 해줄 사람을 만났다. 마스터 크래프트맨(Master Craftsman), 송마리 여사님이다. 송마리는 엄마의 예명. 우리 부모님 세대에 흔히 볼 수 있는 이름이지만 촌스럽다는 이유로 본명을 싫어하는 엄마를 위해 이미정 씨가 명함 위에 새겨드린 새로운 이름이다.

"엄마는 제가 어렸을 때부터 줄곧 회사에 다니셔서 바빴어요. 그래도 항상 식사할 때면 플레이트 매트를 깔고 과일 먹을 때는 포크 하나도 예쁜 걸로 신경 써서 고르셨죠. 가끔 옷도 직접 만들어주셨던 기억이 나요. 그 영향을 많이 받았어요." 엄마는 이미정 씨에게 리빙용품에 관한 관심과 재능만 물려준 것이 아니다. 현재 땀리빙을 운영하는 데에도 큰 몫을 담당하고 계신다. 아마 엄마가 아니었다면 지금의 땀리빙은 존재하지도, 이렇게 성장할 수도 없었을 것이다.

엄마는 부산 지사 딸은 서울 본사
"마스터 크래프트맨이라는 직함을 새긴 명함은 엄마 기분 좋으시라고 만든 게 아니에요. 실제 땀리빙을 만드는 데에 가장 큰 영감을 주셨고 제품도 같이 만들고 계세요. 섬세함이 필요한 손바느질의 디테일은 엄마가 훨씬 뛰어나요. 제품의 품질을 담당하며 브랜드의 가장 중요한 축을 맡고 계신 거죠. 저는 전체 업무를 총괄하는 디렉터에 가까워요." 집에 있던 재봉틀을 사용해 친구 같은 엄마와 소꿉놀이하듯 가방이며 매트를 만든 것이 시작이었다. 그러다 만듦새가 여기저기 소문나면서 주문해오는 사람이 생기고 점점 늘어났다.

　이미정 씨는 엄마가 계신 부산 본가와 현재 본인이 사는 서울 집의 업무 영역을 나눠 운영한다. 서울에서는 주로 시장조사와 디자인 업무, 입점 매장 관리 등의 일을 하고 재봉틀 3대를 갖춘 부산에 가서는 제품을 만드는 데 집중한다. "저한테는 부산 지사인 셈이죠. 한 달에 한 번 정도 내려가고 일주일 정도 제품을 만들다 와요. 작업방에 들어가서 재봉틀을 돌리다가 배고프면 나와서 엄마가 해주는 밥 먹고 또 들어가서 만들고. 같이 제품 보면서 디자인 얘기도 하고요."

　원단을 두고 디자인에 관해 얘기를 나눈 뒤 이미정 씨가 도안 작업과 구체적인 치수가 들어간 디자인 작업을 하면 이걸 토대로 엄마가 샘플을 제작한다. 디테일한 선이나 마감을 정돈하는 것도 제작을 담당하는 엄마의 몫. 둘은 서로의 영역을 절대적으로 신뢰한다. 지금까지는 용돈을 드리는 수준으로 수익을 나눴지만 온라인 판매가 더 활성화되면 제대로

비율을 정해 수익을 나눌 생각이다.

완성된 제품은 택배를 부쳐 서울 집에 받아둔다. 제품을 분리해 온라인 숍으로 주문해온 손님에게는 다시 택배를 보내고, 땀리빙 제품이 입점된 편집매장은 직접 돌면서 입고한다. 다행히 패브릭 제품이라 무겁지는 않아서 큰 천가방에 담아 장돌뱅이처럼 시내를 누빈다. 가방 덩치가 어찌나 큰지 그걸 메고 매장에 들어가면 매니저들이 모두 웃음보가 터진다고 난색을 보였다. "그래도 엄마랑 제가 만든 걸 선반에 직접 진열하고 나와야 마음이 편하다"고 하는 이미정 씨의 말에는 지난날 엄마와 땀리빙을 만들며 쌓아온 추억과 애정이 잔뜩 묻어 있다.

따로 또 같이 브랜드를 키워가다

취향이 닮은 엄마와 브랜드를 같이 꾸려나가는 것은 흔치 않은 행운이지만, 힘이 되는 사람과 언제든 적극적으로 함께 일하려는 방식은 이미정 씨가 땀리빙을 여기까지 키워오면서 취해온 꾸준한 태도라 할 수 있다. 회사 안은 전쟁터, 밖은 지옥이라는 말이 있듯 회사에 다니며 조직생활을 했던 이미정 씨가 혼자가 되어 창업하기란 쉽지 않았다. 브랜드의 생산라인을 든든하게 맡아주고 마음 기댈 곳이 되는 엄마 외에, 브랜드를 운영하며 부딪치는 실질적인 문제를 같이 고민하거나 조언해주며 동병상련을 나눌 '동지'들이 필요했다. 이미정 씨는 플리마켓에서 만난 기획자들과의 인연으로 공예·디자인 분야 프로젝트 그룹인 크래프트맨십(Craftsmanship)의 일원이 되었다. 패브릭, 도자, 자수, 향초, 문구류 등 수공예 브랜드를 운영하고 있는 7개 팀과 전체 기획을 맡은 1개 팀이 구성원들이다. "어찌 보면 서로 경쟁자들일 수도 있거든요. 창업 아이템이 겹치는 경우도 있고요. 그런데 다들 비슷한 사정이라 그런지 좋은 정보는 공유하고 어떻게든 도와주려고 애써요."

이들은 크래프트맨십이라는 탄력적인 울타리를 만들고 자유롭게 경계를 넘나들며 따로 또 같이 프로젝트를 기획한다. 땀리빙은 크래프트맨십의 향초 브랜드와 협업해 파우치를 제작하기도 하고 일러스트레이터의 그림을 실크스크린 방식으로 원단에 입혀 스페셜 에디션 손수건이나 가방 등을 만들기도 했다. 혼자보다 그룹 이름으로 수월하게 플리마켓에 참여할 수 있다는 것도 큰 장점이다. 제품에 대한 사람들의 반응이 바로 느껴지는 플리마켓은 혼자 나가기에는 두렵고 부담되는 자리일 수도 있다. 다양한 제품들을 갖춘 그룹이 한데 뭉쳐 플리마켓에 나가면 사람들에게 더 많은 관심을 받고, 판매자 입장에서는 더 흥이 난다.

최소 인원 5명, 최소 500원씩 출자해 2천 500원만 있으면 사업 인가를 받을 수 있는 협동조합을 꾸리는 것에 대해서도 한창 논의 중이다. 사실 행정절차만 밟지 않았을 뿐 협동조합처럼 협력하고 있으므로 수익 배분과 공동의 서류 작성 등을 어떻게 진행할 것인가를 두고 꾸준히 대화한다. 또한 크래프트맨십의 기획팀인 '위셀라스튜디오(Weslla Studio)'와는 작업실을 함께 쓰고 있다. "서울 집이 있기는 하지만 아무래도 작업 공간은 분리하는 게 좋을 것 같았어요. 게다가 저는 원단을 다루잖아요. 거기에서 나오는 잔 실과 먼지도 무시할 수 없거든요. 명동에 있지만 같이 쓰니까 월세가 15만 원밖에 안 들어서 좋고, 제 디자인에 대한 의견을 구할 수도 있고 무엇보다 1인 기업인데 외롭지 않고요." 이미정 씨는 여러모로 함께 일하는 것의 장점을 두루 맛보고 있다.

작업실에는 실크스크린 도구가 있어서 종종 특정한 문구를 원단에 새기곤 한다.
전용 물감과 실크스크린 틀만 있으면 쉽게 할 수 있으므로
직물로 만든 제품에 로고를 새기는 용도로 활용하기 좋다.

'호작질'하다 보면 뭐라도 된다

될성부른 나무는 떡잎부터 알아본다는데 이미정 씨 역시 손재주로 먹고살게 된 것이 그저 우연만은 아닌 듯싶다. 그는 대학 시절 자신이 아웃사이더였다 말한다. 0점대의 학점을 받을 만큼 학과 공부에는 흥미를 붙이지 못했고 대신 동아리 활동에 전념했다. 관심 가는 일은 따로 있었다. "동대문 시장에 가서 원단 구경하는 걸 좋아했어요. 6시간씩 돌아다녀도 전혀 힘들다는 생각이 안 들더라고요. 그때 사 모은 원단만 해도 점포 하나 열어도 될 정도니까요." 이른바 '호작질'이 시작된 건 2008년. 졸업 작품을 위해 집에 작은 재봉틀을 들이면서부터다. 예쁜 원단을 사다가 재봉틀로 드르륵 박아 작은 파우치나 가방을 만들어 친구들에게 선물했다. 하지만 그때까지만 해도 '이거다' 싶은 느낌은 없었다. 다만 '나 손재주 좀 있네' 하고 생각했다.

언젠가 내 브랜드를 만들고 싶었고, 그래서 브랜드에 관심이 많았던 이미정 씨는 졸업 후 브랜딩 회사에 입사했다. 1년 정도 다녔을 때 회사의 클라이언트 업체로 파견을 나가 제품을 비롯해 카탈로그, 우편광고물 등 모든 디자인 관련 업무를 담당하는 디자이너로 1년 반을 더 일했다. "처음엔 너무 막막했죠. 그래도 적응되니까 한 조직의 프로세스도 눈에 들어오고 권한이 커지니까 브랜딩 일도 더욱 재미있더라고요. 나 혼자서도 충분히 브랜드를 만들 수 있겠구나 싶었죠."

전공을 살려 가구 디자인 쪽으로 아이템을 잡고 그걸로 서울시 청년창업센터의 지원금도 받았지만 여전히 확신이 없었다. 그러던 어느 날 엄마와 만든 앞치마를 시험 삼아 플리마켓에서 판매한 것이 전환점이 되었다. 2시간 만에 모든 제품이 팔리는 경험을 했고, 여기에 희열을 느낀 이미정 씨는 그렇게 땀리빙을 시작했다. 한 땀 한 땀 정성 들여 만든다는 뜻의, 핸드메이드 느낌이 물씬 나는 정겨운 이름을 붙이고서.

땀리빙은 그간 편집매장 입점 판매와 플리마켓 참여에 주력해왔다. 앞으로는 온라인 숍이 자리 잡는 것에 더욱 신경 쓸 생각이다. 손맛이 느껴지는 핸드메이드 라인과 정형화된 패턴을 빠른 시간 내에 만드는 공장생산 라인을 구분해 만드는 것도 고민 중이다. 가능한 한 가격을 낮춰 더 많은 사람이 땀리빙을 접할 수 있게 하고 싶어서다.

땀리빙이란 브랜드가 어떤 식으로 성장하든 변치 않고 지켜가고 싶은 것도 있다. 함께 도모하는 것. 엄마와 크래프트맨십의 동료들과 협업하는 재미를 내내 누리길 바란다. 또 한 가지, 플리마켓도 꾸준히 나갈 생각이다. 단순히 물건을 사고파는 자리가 아니라 믿기 때문이다. 자기 재주로 만들어온 제품을 파는 사람들을 한곳에서 만나고 삶의 지향점을 공유할 수 있는 시간이다. 부디 좋은 에너지를 가진 사람들과 함께 땀리빙을 키워가고 싶다. 봄날, 여기저기서 크고 작은 플리마켓이 열리고 있다. 그곳 어딘가에서 땀리빙과 이미정 씨를 만나게 될지도 모르겠다.

written by 신정원

땀리빙's Check Point

아이템 포인트
원단과 제품의 궁합을 따져 만들었다

리빙용품 특성상 기능적인 디자인을 추구하게 되므로 브랜드 이미지와 맞는 색상, 소재, 패턴의 원단을 고르는 것이 가장 중요하다. 이미정 씨와 엄마는 서로를 '천 덕후'라 부를 정도로 예쁘고 다양한 원단을 모으는 데 열광한다. 마음에 드는 원단을 먼저 고른 뒤 앞치마, 키친 클로스, 컵받침, 파우치 등 어떤 제품에 어울릴지를 고민한 뒤 제품을 만든다.

이미정 씨가 즐겨 찾는 온라인 원단 쇼핑몰

패션스타트 원단부터 부자재까지 망라한 대표적인 원단 사이트다. www.fashionstart.net
데일리라이크 여성스럽고 귀여운 스타일의 프린트 원단과 소품이 많다. www.dailylike.co.kr
코트니 소재, 무늬, 용도별로 원단 분류가 잘 되어 있어 구경하기 좋다. www.cottony.kr
코튼빌 이벤트나 할인판매를 자주 하고 수입 원단도 많다. 고속버스터미널에 오프라인 매장이 있다. www.cottonvill.co.kr
네스홈 바느질 마니아들의 취향을 반영한 유행하는 부자재와 프린트 원단이 많다. 동대문에 오프라인 매장이 있다. www.nesshome.com

---

홍보 포인트
플리마켓에 적극적으로 참여했다

플리마켓의 가장 큰 장점은 소비자와 직접 소통할 수 있다는 것. 제품과 가격에 대해 구체적이고 자신 있게 이야기할 수 있는 기회이기도 하다. 또한 이미정 씨는 플리마켓을 통해 비슷한 일을 하는 사람과 만나 교류할 수 있었다.

이미정 씨가 추천하는 플리마켓 Best 3

세종예술시장 소소 이름처럼 소소함을 지향하는 감성적인 마켓. 광화문 세종문화회관 뒤뜰에서 매주 토요일 열린다. 공연 등 다양한 이벤트도 함께 이루어지며 운영 계획, 홍보 등이 체계적이다. 가족단위의 손님이 많은 편. 참가비 없음.
www.facebook.com/sejongartsmarket

계단장 이태원 우사단 마을에서 열리는 활기 넘치고 키치한 느낌의 플리마켓. 마켓과 주변 작업실들을 연계한 행사도 열리고 마켓이 열리지 않을 때에도 다양한 콘텐츠를 생산한다. 가득해 먹거리부터 의류, 액세서리, 소품까지 활기찬 장터의 느낌이 물씬 난다. 참가비 없음.
www.facebook.com/wosadan

블링 나이트마켓 클럽컬처매거진 〈블링〉에서 주최한다. 소규모 브랜드나 개인의 핸드메이드 제품, 중고 의류 판매까지 이뤄진다. 디제이의 음악과 맥주도 즐길 수 있는 야간 마켓이므로 타깃이 젊고 트렌드에 민감한 브랜드라면 론칭 전에 소비자 반응을 살피는 좋은 기회가 된다. 참가비 2만 원.
www.facebook.com/theblingmagazine

미래의 수공예숍 오너를 위한 조언

"창업하고 싶다고 무작정 회사부터 그만두지는 마세요. 회사에 다니면서 작은 규모로 시작해보는 건 어떨까요? 요즘은 그렇게 해볼 만한 환경이 충분히 되거든요.

마음만 먹으면 주말 플리마켓에 참여해 내 제품에 대한 사람들의 반응부터 살필 수 있어요. 창업 지원 프로그램도 많고 열심히 신청한다면 의외로 쉽게 선발되죠. 적은 돈을 가지고 시간을 두고서 서서히 창업 준비를 할 수 있습니다. 그렇게 '장사의 맛'을 보면 내가 진짜 창업을 해도 되는지, 내 아이템이 시장성이 있는지 감이 올 거예요.

아직 학생이고 이후의 진로를 고민 중이라면 회사생활을 조금이라도 해보면 좋겠어요. 학교랑 사회는 다르거든요. 보수적인 상사도 만나보고, 소위 '갑질'하는 클라이언트랑 일도 해보고요. 1인 기업이 되면 훨씬 험난한 일이 많거든요. 회사에 다니는 동안 돈으로도 살 수 없는 인맥도 만들 수 있고, 운영 프로세스를 배울 수 있다는 장점도 있고요. 조직의 테두리 안에서 겪었던 모든 일은 당신의 숍을 갖게 되었을 때 분명 피와 살이 되어줄 겁니다."

어떻게 운영해야 할까?

일인다역은 기본, 끈기와 인내로 버텼습니다

나무 소품 브랜드,
어거스트홀즈 | 김용식

"브랜드의 콘셉트와 철학, 비전을
혼자 정하는 일이 쉽진 않았지만
스스로 부딪쳐봐야겠다고 생각했습니다.
나 자신이 브랜드에 관해
가장 잘 알고 있으니까요."

나무 소품 브랜드, 어거스트홀즈

나의 수공예를 소개합니다
나무 소품 공예

___

기계로 나무를 재단하고 손으로 다듬어 소품을 만든다. 나무 공예라고 하면 보통 가구 등 덩치가 큰 제품을 생각하지만 어거스트홀즈는 나무 소재의 투박한 멋을 그대로 살린 생활소품을 만든다. 손으로 유려하게 깎는 방식을 택하지 않는다면 섬세한 목공기술을 갖출 필요는 없다. 하지만 나무를 재단하고 다듬을 공방은 필요하다. 조명 같은 제품을 만들려면 간단한 전기 원리를 알아야 한다.

나의 수공예숍을 소개합니다
어거스트홀즈(August Holz)

___

바쁜 일상에 작은 쉼표가 되는 나무 소품 브랜드를 지향한다. 나무의 본래 형태를 최대한 살린 단순한 디자인이 특징. 감성이 담긴 제품 네이밍과 브랜드 스토리를 더해 한 번 더 눈이 가고 하나쯤 갖고 싶은 제품을 만들고자 한다. '동산에 달 하나', '작은 별 램프' 같은 조명이 대표 제품이다.

형태	온라인 숍 운영, 편집매장 입점 판매
오픈	2013년 10월
개업 자금	300만 원
자금 조달 방법	친구와 가족들의 지원
주 고객층	20~30대 여성과 남성
월 매출	500만 원
전화	070-7352-1525
홈페이지	www.augustholz.com

나를 소개합니다

김용식(31)

건축을 전공했지만 국내 건축설계 사무소의 현실에서 비전을 보지 못했다. ROTC 생활을 하면서 스스로 조직생활과 맞지 않는다는 결론에 이르면서 입사에 대한 미련은 버렸다. 졸업 후 같은 과 선배와 디자인가구 사업을 시작했다가 1년 만에 동업의 단맛과 쓴맛을 다 봤다. 다시 혼자가 되어 나무 소품 브랜드인 어거스트홀즈를 론칭했다.

둘에서 다시 혼자가 되다

나무 소품 브랜드 '어거스트홀즈'를 운영하는 김용식 씨는 어릴 적부터 나무가 좋았다. 나중에 크면 3층짜리 주택을 설계해 1층은 나무 공방으로 쓰겠다는 꿈을 꾸며 커왔을 정도였다. 가구가 아니어도 좋으니 나무가 주재료인 제품을 만들고 싶었고 지금은 나무 소품을 만들어 팔고 있다. 어거스트홀즈는 8월의 나무라는 뜻의 독일어로 무더운 여름 길을 걷다가 만난 나무 그늘 아래서 쉴 때의 기분을 떠올리며 바쁜 일상에 쉼표가 되길 바라는 마음이 담겨 있다. 하지만 그의 일상은 브랜드 이미지처럼 마냥 정적이고 고요한 풍경은 아니다. 오히려 제법 험난하고 꽤나 치열하게 하루하루가 흐른다.

  혼자 브랜드를 끌어간다는 것은 생각보다 어려운 일이다. 누군가의 방해 없이 우아하게 일할 수 있으리란 생각에 호기롭게 시작하지만 혼자 창업한다면 일당백까지는 아니어도 일당십은 각오해야 한다. 제품의 기획, 디자인, 제작, 홍보, 마케팅, 영업, 납품까지 처리해야 할 업무가 정말 많다. 회사의 재무팀, 마케팅팀, 인사팀, 광고영업팀 등 관련 부서가 하던 업무를 모두 혼자 해야 하는 상황에 직면한다.

  김용식 씨는 보통 8시에 일어나서 새벽 2시에 하루를 마친다. 오전에는 밤새 온라인으로 들어온 주문을 체크하고 포장한 뒤 제품을 발송한다. 오후에는 편집매장 매니저들과 미팅을 하거나 제품을 입고하러 서울 시내를 오간다. 아직 차가 없어 대중교통을 이용하는데 스케줄이 꼬여 퇴근 시간과 겹치기라도 하면 낭패다. 늦은 밤에 사무실이나 집에 도착해 그다음 일정을 정리하고 메일이나 게시판의 질문 응대까지 마치고 나면 어느새 새벽. 주말도 사정은 비슷하다. 하지만 몸이 피곤한 건 오히려 괜찮다. 태반이 홀로 밥 먹지만 그것도 별일 아니란다.

"가장 아쉬운 건 새로운 아이디어가 생각났을 때 얘기를 나눌 사람이 없는 거예요." 몇 번은 궁여지책을 쓰기도 했다. 제품 디자인 개발 때는 SNS를 통해 친구들에게 의견을 묻기도 하고, 창업 초창기 한두 달은 무급 인턴을 써보기도 하고. "제대로 돈을 주고 사람을 써야 하는 이유를 배웠어요. 경제적 보상 없이 아는 선배, 친구에게 부탁하는 건 분명 한계가 있더라고요. 저도 상대도 서로 민망하고 불편해지고요."

많은 예비 창업자들이 이런 이유로 창업을 결심하고 나면 각종 잡무와 위험 부담, 외로움을 나눌 친구와의 동업을 고려하게 된다. 동업의 달콤한 유혹은 김용식 씨에게도 다가왔었다. 어거스트홀즈를 론칭하기 전 친한 학교 선배와 1년 정도 디자인가구 사업을 했는데, 이때 동업의 단맛과 쓴맛을 모두 보았다고 한다. "하나의 목표를 향하는 동반자가 있다는 건 정말 좋았어요. 서로 큰 의지가 되고 나아갈 용기도 생기고요. 그런데 의견 차이가 생겼을 때에는 돈, 사람, 아이디어를 투자한 비율이 높은 쪽이 권력을 갖게 되고 상대는 자연스럽게 약자가 되더라고요." 동업자 간의 생각과 태도, 환경과 변수 등 성공적인 동업의 여부를 좌우하는 요소가 많기 때문에 무엇이 정답이라고 할 수는 없다. 다만 김용식 씨는 일전의 경험을 통해 다시 시작하더라도 혼자가 낫겠다고 판단했다. 그래야 변수가 많고 불안정한 창업 초기에 빠르게 대처할 수 있고 성장에 집중할 수 있다고 생각했기 때문이다.

전략적으로 움직여라

대신 그는 혼자 일당백의 역할을 하기 위해 '효율성'이라는 전략을 택했다. 디자인가구 사업을 하다가 수익이 겨우 나기 시작할 때쯤 그만두는 바람에 재창업할 돈이 거의 없었던 김용식 씨는 원재료의 단가 절감과 가공을 동시에 이룰 방법을 고민하다 거래처였던 경기도 김포의 소규모 가구 공장을 생각해냈다. 공장 구석구석에는 가구 만드는 데 사용하고 남은 자투리 나무 조각들이 쌓여 있었다. 나무 소품의 샘플 정도는 충분히 만들어볼 수 있는 크기와 양이었다.

"작은 공장들은 사정이 정말 안 좋아요. 제품을 납품하고도 돈을 못 받는 경우도 많고요. 한 번은 가구 공장 사장님이 2천만 원 정도 돈을 떼일 뻔했는데 제가 나서서 도와드렸어요. 법률 용어나 사례 같은 걸 공부해가면서요. 그때부터 큰아버지라고 부를 정도로 친한 사이가 되었죠." 가끔은 선의의 오지랖이 인연으로 이어지고 어려울 때 큰 도움이 되기도 한다. 사정을 들은 사장님은 자투리 나무를 얼마든지 사용해도 좋다고 허락했고 김용식 씨는 공장 일을 거들며 브랜드 론칭 작업에 들어갔다. 원재료를 무료로 얻고 재단 등의 기본 공정을 거칠 공간까지 해결한 것이다. 길에 버리는 시간을 절약하기 위해 서울에서 공장 근처인 경기도 김포로 이사도 했다.

효율성을 고려한 노력은 제품을 디자인할 때도 계속되었다. 뛰어난 손재주를 바탕에 둔 보통의 수공예숍 창업과는 다르게, 나무라는 소재와 생활소품이라는 아이디어가 자산의 전부였던 김용식 씨는 자신이 잘할 수 있는 것에 집중하기로 했다. 자투리 나무로 만들 수 있을 정도로 크지 않고 복잡한 기계 공정 없이 간단히 만들 수 있는 제품과 디자인을 고민했다. 그렇게 생각한 게 조명, 선반, 트레이 등이다. 최대한 손이 덜 가는 단순하고 매력적인 디자인을 연구하다 예각 삼각형이 떠올랐다. "원형은 재단할 때 은근히 어렵고 사각형은 정적이고 투박하게 느껴져요. 삼각형은 실용적이지 않다며 제품 디자인에 잘 안 쓰는데 예각 삼각형이라면 독특한 형태감 때문에 단점을 보완할 수 있다고 믿었어요."

어거스트홀즈의 대표 상품인 '동산에 달 하나' 조명은 이렇게 탄생했다. 뒤집어놓은 예각 삼각형에 알전구가 콕 박혀 있는 모양은 정말 작은 동산 위에 밝은 보름달이 떠 있는 듯하다. 자투리 나무를 길쭉한 삼각형으로 자르고 전구와 받침대를 끼울 홈만 파면 완성될 정도로 재료도, 제작과정도 아주 간단하다. 분명 단순한 형태인데 자꾸 눈이 간다. 갖고 싶다는 생각이 드는 데에는 이름도 한몫을 한다. "감성적인 제품명도 의도적인 장치예요. 스토리가 담긴 네이밍으로 입소문을 노린 거죠. 홍보나 마케팅 효과를 볼 수 있게요."

네모난 정원 램프(조명), 작은 별 램프(조명), 나무섬 등대(휴지걸이), 8월의 나무 벽걸이(선반) 모두 같은 효과를 노리고 지은 이름들이다. 김용식 씨는 원재료와 작업 공간의 동시 확보, 간단한 디자인, 쉬운 제작 과정, 입소문을 위한 네이밍으로 기획, 디자인, 제작 등 창업 초반에 들어갈 시간과 비용, 에너지를 확 줄였다. 그렇게 제품을 구상한 지 5개월 만에 어거스트홀즈가 탄생했다.

때로는 홍보맨, 때로는 영업맨

그다음엔 본격적인 마케팅과 홍보에 집중했다. 돈이 충분하거나 블로그를 잘하거나. 김용식 씨는 1년간의 가구 사업을 통해 성공적인 마케팅을

김용식 씨는 '자연에서 온 좋은 재료는 그 자체로 최고의 디자인'이라 믿는다.
자작나무의 나무껍질을 그대로 살려 쓰고 자투리 나무도 재단해서 다시 사용한다.
이렇게 만든 제품들은 서울 시내의 편집매장 곳곳에 자리 잡아 은은한 나무 냄새를 풍기며 손님을 기다린다.

나무 소품 브랜드, 어거스트홀즈

위해서는 적어도 둘 중 하나가 필요하다는 걸 알게 되었다. 하지만 마케팅에 들일 돈도 없거니와 블로그나 SNS를 운영할 시간도 없었다. "우여곡절 끝에 홈페이지를 만들어 오픈했어요. 그런데 홍보가 안 되니까 아무도 안 오는 거죠. 당연히 매출도 없었고요. 고민 끝에 리빙용품에 관심이 많을 것 같은 파워 블로거를 찾아 열심히 메일과 쪽지를 보냈어요. 솔직하게 도와 달라고 말했죠."

밑져봐야 본전, 아니 지푸라기라도 잡고 싶은 심정이었다. 아무리 브랜드를 잘 만들어봤자 홍보가 안 되면 살아남지 못한다는 걸 알고 있었기에 더 절박했다. 1인 기업은 디자인과 제작뿐 아니라 홍보와 영업조차 혼자 해내야 하므로 스스로 홍보맨, 영업맨이 될 수밖에 없었다. 메일의 내용은 이랬다. 이제 막 창업을 했는데 광고에 돈을 들일 여유가 없다. 혹시라도 내 제품에 관심이 간다면 보내주겠다. 그리고 마음에 든다면 블로그에 글을 올려 달라. 하늘은 스스로 돕는 자를 돕는다는 말은 여기서도 통했다. 어거스트홀즈의 제품에 관심을 보인 세 명의 파워 블로거가 제품 후기를 올려주었고 그달 200만 원의 매출을 올리는 데 성공했다. 순전히 파워 블로거의 홍보에 의한 매출이었다.

이 사건은 김용식 씨에게 용기를 안겨줬다. 다음 타겟은 오프라인 편집매장이었다. 온라인 숍에서 판매하는 제품은 좀처럼 소비자를 직접 만날 기회가 없다. 그렇다고 별도의 쇼룸을 만들 수도 없는 일. 가장 효과적인 홍보 방법이자 판매율을 높이는 방법은 편집매장을 통한 위탁 판매라 생각했다. 대부분의 편집매장은 제품 판매 시 30% 정도 수수료를 떼어가는데 아깝긴 했지만 더 다양한 접점에서 손님들이 쉽게 어거스트 홀즈의 제품을 만날 수 있는 것이 먼저였다. 특히 감성적인 이름과 나무의 모습을 그대로 간직한 어거스트홀즈 제품은 직접 보고 만질 수 있어야 매력적이라고 생각했다. 홍대에 위치한 편집매장 오브젝트를 시작으로 상상마당, 1300K, 가로수길의 앤솔로지 등에 입점하게 되었다. 매출이 오르면서 어거스트홀즈가 알려지자 잡지에서도 먼저 연락이 왔다. 여세를 몰아 형편이 닿는 한 각종 박람회에 참여해 더 적극적으로 홍보했다.

홀로 창업 3개년 계획

김용식 씨가 그저 때마다 최선을 다한 것처럼 보이지만 사실 그는 창업 후 자신이 취해야 할 3개년 계획의 큰 틀을 잡아놓고 일했다. 첫해는 제품 개발과 국내 시장 개척에 집중하고, 다음 해는 해외 시장 개척에, 다다음 해는 신제품 개발에 집중하겠다는 식이었다. 일인다역을 소화하기 위해서는 방향을 뚜렷하게 설정하고 각 시기에 집중해야 한다는 판단에서 나온 계획이다. 또 모든 일을 잘할 수야 없지만 해야 한다면 부딪치고 보는 편이었다. 때로는 인맥도 때로는 배짱도 필요했다.

햇수로 두 해, 다사다난했던 시간이 지났다. 김용식 씨는 어거스트홀즈를 라이프스타일 브랜드로 탄탄히 만들어가고 싶다고 했다. 아침부터 저녁까지 끼니도 거르면서 뛰고 귀가 후에는 브랜드의 미래에 대한 고민으로 매일 밤인지 아침인지 모르는 시간에 잠이 들곤 한다. 그래도 '나의 브랜드'를 만들고 있어 진정으로 기쁘다고 했다. 일당백으로 일하는 김용식 씨의 하루는 오늘도 짧다. *written by* 신정원

어거스트홀즈's Check Point

운영 포인트
위탁 판매,
꼼꼼히 따져보고
했다

온라인 마케팅을 하거나 오프라인 숍을 운영할 여유가 없다면 편집매장 입점이나 플리마켓을 통한 판매를 노리게 된다. 편집매장 입점, 즉 위탁 판매의 경우 추가 비용 없이 마케팅 효과를 볼 수 있다는 장점이 있지만 평균 35% 정도의 수수료 때문에 수익률이 낮다. 무조건 많은 곳에 입점한다고 좋은 것도 아니다. 편집매장이 위치한 지역, 유동인구, 숍의 분위기와 규모에 따라 자신의 제품이 어울리는 곳인가를 판단해보아야 실패가 적다. 어거스트홀즈는 친환경 제품, 합리적 가격, 소규모 공동체라는 3가지 핵심 가치를 추구하는 편집매장 오브젝트에 입점하면서 소비자의 관심을 받기 시작했다. 이곳의 분위기와 어거스트홀즈의 브랜드 이미지가 잘 어울려 긍정적인 반응을 얻을 수 있었다.

아이템 포인트
제품 네이밍에
공을 들였다

삼각조명, 펜트레이, 휴지걸이같이 명사끼리 단순하게 결합한 이름으로는 승산이 없을 것 같았다. 독특해서 손님들이 관심 가질 만한, 한 번 들으면 쉽게 잊히지 않는 어거스트홀즈만의 제품명이 필요했다. 그래야 수많은 제품 중에서 눈길 한 번 더 받을 수 있다고 생각했기 때문이다. '동산에 별 하나', '네모난 정원 램프', '작은 숲 펜트레이', 최근 출시한 '언덕 너머 조명'도 그런 고민으로 탄생한 이름들이다.

홍보 포인트
파워 블로거에게
제품 리뷰를 의뢰했다

홍보를 위한 여유 자금이나 블로그에 쏟을 시간이 없다면 파워 블로거의 힘을 빌려보자. 브랜드 이미지와 맞는 파워 블로거에게 제품 리뷰를 부탁하면 된다. 물론 의뢰한다고 다 써줄 리도 없고 꼼꼼한 리뷰를 써준다는 보장도 없으므로 자신의 제품과 관련 있는 카테고리의 파워 블로거를 찾고, 현재 자신의 상황을 솔직하고 정확하게 설명하는 것이 중요하다. 예의를 갖추어 메일을 쓰고 자료는 깔끔하게 정리해 전달하자.

미래의 수공예숍 오너를 위한 조언

"하고 싶은 일에 도전하겠다는 결심은 두 손 들어 환영합니다. 다만 현실과 이상의 경계를 현명하게 조율할 줄 아는 게 중요해요. 하고 싶은 디자인, 제품, 브랜드를 하려고 시작했는데 생각보다 잘 안 풀리고 매출이 안 나오면 돈이 되는 방향으로 쉽게 방향을 틀어버리는 사람도 있어요. 그러려고 시작한 건 아니잖아요? 자기가 하고 싶은 걸 강단 있게 밀어붙이세요. 살아남으려면 어딜 가서든 내 제품 봐달라고 철판 깔 수 있어야 하고 발로 뛰겠다는 각오가 있어야 합니다. 그렇게 3년은 버티겠다는 각오를 하는 게 좋아요.

저는 처음 1년 동안 국내 시장의 판매처를 넓히는 데 주력했어요. 그 다음은 해외 시장입니다. 조금만 시장조사를 해봐도 알겠지만 디자인 제품은 국내에서만 팔아서는 큰 이익을 남길 수 없어요. 언어가 안 된다고 돈이 없다고 지레 포기하지 마세요. 중소기업공단이나 디자인진흥원에 문의하면 해외 전시나 팝업 스토어 지원에 대한 정보를 얻을 수 있어요. 해외까지 시장을 넓힌 뒤 3년 차 정도에는 신제품을 출시하는 게 좋아요. 고객들이 이전 제품에 지루함을 느끼기 전에 재구매로 이어질 수 있게 하는 거죠. 그렇게 내 브랜드의 단골이 생기는 거고요."

고정 매출을 확보할 방법은 없을까?

단계별 장기 클래스를 열었습니다

손뜨개 인형 공방,
미에라공방 | 김인영

"손뜨개에 관심 있는 사람들을 모아
클래스 위주로 공방을 운영했습니다.
정기적으로 일정한 수강생을
모아야 하므로 여느 공방과는
차별화된 체계적인 클래스를
준비하는 게 중요했어요."

손뜨개 인형 공방, 미에라공방

나의 수공예를 소개합니다
손뜨개(인형)

코바늘과 대바늘로 실을 떠 인형을 만든다. 손뜨개 소품에 비해 실용적이지는 않지만 귀엽고 앙증맞은 매력에 중독되어 손뜨개 인형만 뜨는 사람도 많다. 같은 도안을 보고 뜨더라도 털실의 종류에 따라 전혀 다른 느낌의 인형이 된다. 퀼트, 자수 등의 다른 수공예를 적절히 가미하면 다채로운 표현이 가능하다.

나의 수공예숍을 소개합니다
미에라공방(Miela)

손뜨개 작품은 판매하지 않고 클래스만 운영하는 독특한 공방. 창작 도안 만드는 법까지 가르치는 체계적인 클래스로 다른 손뜨개 공방과 차별화했다. 대형 뜨개실 온라인 쇼핑몰 '라라나'도 운영 중이다.

형태	오프라인 공방(15평)과 온라인 숍 운영
오픈	2010년 1월
개업 자금	약 100만 원
자금 조달 방법	영어, 수학 전문 과외로 모은 돈
주 고객층	손뜨개 공방 창업 준비생
월 매출	300만~400만 원
운영 시간	10:00~18:00
주소	서울시 중구 동호로14길 2(신당동)
전화	02-6205-1806
홈페이지	www.miela.co.kr www.lalana.co.kr

나를 소개합니다

김인영(34)

NGO에서 일하던 중 우연히 손뜨개 목도리 키트를 제작하며 뜨개질에 관심을 갖게 되었다. 회사생활이 적성에 맞지 않다고 생각해 그만두고 이것저것 시도하다 손뜨개 인형에 재미를 붙였고 일본 서적과 유럽 서적을 통해 손뜨개를 독학했다. 파주 헤이리 작가 공방 '일하자'의 활동을 계기로 손뜨개 작가로 밥 벌어 먹고살기를 결심했다.

뭘 해서 먹고살아야 하나

월급은 달콤하다! 중독성도 강하다! 내가 하고 싶은 일을 하겠노라며 멋지게 사표를 내밀고 싶지만 매달 꼬박꼬박 들어오는 달콤함을 내치기란 여간 어려운 일이 아니다. 창업을 꿈꾸는 사람들 대부분의 고민이 바로 월급을 대신할 고정 수입을 어떻게 마련하냐는 것이다. 그래서 보통 1년간의 유지 비용을 가지고 창업을 준비한다. 만들어낸 상품이 족족 팔린다는 보장도 없고 운영 노하우도 없으니 1년은 투자하겠다는 생각이다.

하지만 미에라공방의 김인영 씨는 수공예숍이 판매만으로 수익을 내는 게 그리 쉬운 일은 아니라고 말한다. "좋은 실로, 며칠씩 꼬박 투자해 인형 하나를 만들어도 3만 원이라고 하면 비싸다고 안 사요. 고급 인력들이 주야장천 만든 인형을 대체 얼마에 팔아야 할까요?" 쏟아부은 노력이나 재룟값으로 따진다면 솔직히 얼마 남지도 않지만 공산품에 길든 사람들에게 손뜨개 인형은 '쓸데없이 비싼 인형'으로 비치는 것이다. 그렇다고 공장에서 물건을 찍어내듯 만드는 일에만 매달리다가는 어느새 좋아하던 일까지 지겨워질지도 모른다. 그래서 수공예숍 대부분이 클래스를 겸한다. 정기적인 클래스야말로 월급을 대신하는 고정 수입이 되는 것이다.

잘 만든 클래스 하나로 먹고살기

미에라공방은 한술 더 떠서 아예 클래스만으로 공방을 유지한다. 김인영 씨가 운영하는 클래스는 일반적인 손뜨개 클래스와는 차별점이 있다. 우선 원데이 클래스를 지양한다. 손뜨개는 짧은 시간 내에 완성할 수 있는 분야가 아니기 때문이다. 보통 뜨개방들은 책이나 인터넷의 도안을 보고 그대로 떠보는 식의 실습 위주의 클래스를 선호하는데 김인영 씨는 손뜨개를 좀 더 체계적으로 가르칠 수 있는 방식으로 구성했다. 초급반, 중급반, 고급반, 창작반으로 나누고 정규과정을 마련해 취미로 배우려는 초보자와 창업 준비생까지 단계별로 익힐 수 있도록 했다. 특히 창작반은 초급반에서 고급반까지 과제를 모두 마친 사람만 신청할 수 있을 정도로 신청부터 까다롭다. 이 단계에 이르면 영문 도안 작성법과 디자인한 도안을 패키지로 만드는 법을 배울 수 있다.

  정규과정을 그대로 밟으려면 거의 9개월이나 걸린다. 많은 수강생이 중도에 그만두기도 한다. 하지만 짐작할 수 있듯, 김인영 씨가 하는 수업의 최종 목표는 손뜨개 기법을 가르치는 것을 넘어 직접 인형을 디자인하고 도안을 만들 수 있는 전문가를 키우는 데 있다. 자신이 알고 있는 모든 노하우를 수강생들에게 전해 손뜨개 인형으로 먹고살 수 있는 현실적인 방법을 알려주려는 것이다. 그 가치를 알아봐 주는 사람이 있기 마련이다. 지난해에는 노하우를 전수받은 수강생 2명이 공방을 오픈했다. "자신보다 더 잘하는 사람이 생기는 것만큼 스스로를 발전시킬 수 있는 방법은 없다"고, 그는 말한다.

  정작 김인영 씨는 손뜨개를 독학으로 배웠다. 대학 시절 환경학과를 전공하고 NGO에서 일했던 그는 회사 이벤트를 위해 손뜨개 목도리 키트를 제작한 일이 있다. 이후 1년도 채 되지 않아 직장생활을 접을 정도로 순식간에 손뜨개에 빠져들었다. 일본, 유럽 등의 손뜨개 전문서적을 찾아보며 도안 따라 만들기를 반복했더니 뜨개질에 자신감이 붙었다. 뜨개질로 만들 수 있는 것이야 많지만 표정이 다양하고 캐릭터가

뚜렷한 손뜨개 인형에 유독 정이 갔다. 이때부터 선생 기질이 있었던 걸까. 그는 혼자 하기보다 여러 사람과 어울려 하면 더 즐겁겠다는 생각으로 대학 동문 블로그에 손뜨개 모임의 공지를 올리기에 이른다. 3만 원의 비용으로 뜨개질을 가르쳐주고 실도 제공하겠다는 내용이었다. 6명의 학생들이 금세 모였고 학교 근처 커피숍에서 작은 수다방을 겸한 뜨개질 모임이 시작되었다.

1년 반 동안 모임을 하며 깨달은 것이 바로 교육의 중요성이었다. 서로 정보를 공유할 수 있는 환경이 얼마나 소중한지도 느꼈다. 대부분 손으로 하는 일이 그렇듯 손뜨개는 감각만 있으면 혼자서도 곧잘 할 수 있는 분야다. 하지만 전문성을 기르려면 체계적인 교육만 한 게 없다. 재주 좋은 사람은 많아도 재능을 스스로 전문적으로 발전시킬 수 있는 사람은 많지 않기 때문이다. 미에라공방의 클래스는 그 지점을 정확히 공략한 생존법이다. 또한 손뜨개를 하며 사는 사람으로서 김인영 씨가 갖고 있는 작은 사명감이기도 하다.

동네 뜨개방의 관습을 버려라

뭐든 시작하면 장비 욕심내는 사람이 있다. '서툰 목수가 연장 탓한다'고 하지만 손뜨개에서 실은 욕심낼 수밖에 없는 주재료다. 어떤 색, 어떤 굵기, 울이나 아크릴 등 소재의 혼방비율에 따라 같은 도안으로 떠도 결과물의 느낌이 확연히 다르기 때문이다. 손뜨개 공방이 가장 많이 신경 쓰는 것도 단연 실이다. 주로 어떤 실을 쓰는가, 취급하는가는 손뜨개 공방의 정체성과도 같다.

미에라공방은 국내 뜨개실을 비롯해 유럽에서 직접 수입한 실을 판매한다. 2013년 가을에는 대형 뜨개실 온라인 쇼핑몰 '라라나'를 오픈했다. 라라나에서 취급하는 대형 뜨개실은 유럽에서 공수해온 것으로 유럽여행 중에 발품 팔아 찾아 들여온 것이다. 단순히 개성 있는 수공예숍이란 인식을 주기 위한 장치만은 아니다. "라라나는 수익과 바로 연결되는 창구예요. 라라나를 오픈하며 매출이 늘었어요. 판매량을 보면 사람들이 어떤 실을 선호하는지 알 수 있으므로 시장을 파악하는 데에도 도움이 되죠." 게다가 라라나가 미에라공방을 알리는 역할을 톡톡히 하고 있다. 라라나의 실은 사실 실보다 직물에 가까운 모습이다. 길게 자른 원단을 꼬아 실처럼 쓰는 것. 대체로 집안의 생활소품을 만들 때 많이 쓰이는데 손뜨개에 관심 있는 사람이라면 해외 사이트를 통해 종종 보았을 만한 매력적인 재료다. 실에 대한 호기심으로 라라나 홈페이지를 방문한 사람이 자연스럽게 미에라공방을 알게 되어 클래스의 수강문의까지 이어지고 있다.

하지만 왜 굳이 라라나라는 이름으로 홈페이지를 따로 론칭해야 했을까. 뜻밖의 대답일지 모르겠지만 바로 투명성 때문이란다. "동네 뜨개방들은 자기 가게에서 실을 사면 뜨개질을 무료로 가르쳐준다는 식으로 운영해요. 보통 인터넷 판매가보다 2~3배 정도 비싼 가격인데 그것이 수강료를 포함한 값이라고 여기죠. 하지만 스마트폰으로 검색해보기만 해도 가격 비교가 되는 세상이잖아요. 지금까지 관습처럼 내려온 뜨개방의 문화를 조금이라도 바꾸고 싶었어요. 클래스와 실 판매 공간을 분리하고 이에 대한 가격을 제대로 제시하기 위해 라라나와 미에라공방으로 분리했어요."

또 하나 미에라공방이 강조하는 것은 창작 도안으로만 인형을 만드는

늘 제품 창작을 위해 노력하는 김인영 씨가 요즘 열심히 작업 중인 것은
일일이 손으로 떠 정교하게 만든 바늘꽂이. 직접 실을 수입해 판매하는 것 역시
자기 개발을 게을리하지 않는 그의 타고난 성향 때문이 아닐까.

일이다. 손뜨개 분야에서 도안이란 건축 설계도와 같다고 보면 된다. 도안을 봐야 작품을 완성할 수 있다. 인터넷을 통해 무료 도안을 얻거나 책을 구입할 수도 있지만 따라만 하다 보면 실력이 늘지 않는다. 또한 도안을 창작하면 해외 도안 사이트 등에 판매해 별도의 수익을 만들어낼 수 있고, 자신의 콘텐츠를 쌓아 책으로 출간할 수도 있다. 많고 많은 동네 뜨개방 중 오래도록 살아남을 수 있는 노하우도 된다. 김인영 씨 역시 2013년 10월 자신의 창작 도안을 모아 〈손뜨개 인형을 만드는 시간〉이란 책을 출간했다.

작은 경험이 모여 만든 지금

미에라공방이 여느 수공예 브랜드보다 더 깐깐한 규칙과 소신이 있는 것은 김인영 씨가 그만큼 많은 시행착오를 겪었기 때문이다. 지금의 미에라공방은 3번째 공간이다. 처음은 2011년 파주 헤이리 작가 공방 '일하자'의 일원으로 지원받았던 작업실, 2013년 신사동 세로수길에 보증금 500만 원, 월세 40만 원으로 차린 공간을 거쳐 2014년 가을 신당동으로 옮겨왔다. 손뜨개 특성에 맞는 클래스에 대한 고민, 실 판매와 공방 운영의 분리 등 자신만의 공방 운영 원칙은 세 공간을 거치며 차곡차곡 쌓인 경험의 산물이다. 헤이리, 파주시, 쌈지 농부가 주최한 파주 헤이리 작가 공방 '일하자'의 손뜨개 작가로 활동한 1년 남짓은 출퇴근에 대한 훈련과 사람들과의 커뮤니케이션 방법을 배웠다. 가족 단위의 나들이객이 많은 헤이리에서는 한 번 체험해 바로 결과물을 들고 나갈 수 있는 도예나 금속 공예의 인기가 좋았기에 큰 수익은 없었다. 수학, 영어 과외를 하면서 돈을 벌어야 했고 자연스레 손뜨개 공방에 맞는 입지와 클래스 운영을 고민하게 되었다. 신사동 공방에선 체계적인 클래스를 운영하고 고정적인 수강생이 생겼다. 점차 자리를 잡아가고 미에라공방만의 색깔도 찾았다. 좀 더 넓은 공간을 찾아 현재의 공방으로 이사하면서는 안정적인 운영을 꿈꾸게 되었다.

  마치 자신이 운영하는 클래스의 정규과정을 밟듯, 미에라공방은 차근차근 단계를 밟아온 것처럼 보인다. 다만 꼼꼼히 계획해 이룰 수 있었던 것이 아니라 과제를 미루지 않는 학생의 심정으로 매 순간에 최선을 다했기에 가능한 일이었다. 하기 싫은 일은 안 했지만 하고 싶은 일이라면 제대로 집중했다. 인생의 무엇이든 노력 없이 요행이 통하는 일은 없다. 차근차근 꼼꼼히 배워야만 손뜨개도, 공방을 차리는 일조차도 마스터할 수 있다고, 그는 믿는다. *written by* 박은영

미에라공방's Check Point

운영 포인트
오직 클래스만 운영했다

혼자 운영하는 브랜드일수록 선택과 집중을 잘해야 한다. 김인영 씨는 단순 반복 작업을 피하기 위해 인형을 만들어 판매하지 않고 손뜨개 공방을 준비하는 이들을 위한 클래스 운영에 집중했다. 전문가 양성을 위해 수준별 교육 과정을 준비하는 건 당연한 일. 수강생들이 체계적이고 효과적으로 배울 수 있는 교과 내용으로 신뢰를 얻고 있다.

미에라공방 클래스 엿보기

	초급반	중급반	고급반	창작반
수업시간	주1회, 2시간 30분 소요			
기간	6주 완성	7주 완성	7주 완성	7주(+4주) 완성
수강료	25만 원	30만 원	35만 원	35만 원
수업내용	1 코바늘 기초 뜨기 2 털실 종류에 따른 편물 특성 학습 3 뜨개 기법 노트와 파일 정리	1 중급 뜨개 기법 2 인형 형태의 제작방법과 원리 3 배색 연습	1 인형 형태 학습 2 고급 편물 제작기법 3 다양한 소재를 활용한 표현력 훈련 4 특수사로만 인형 제작 5 대바늘뜨기를 이용한 인형 소품 제작	1 영문 도안 작성법 2 양모펠트 작업 3 고급반까지 다루지 못했던 형태와 기법 학습 4 패키지 상품 제작방법 *초급반에서 고급반까지 과제와 작업을 모두 완료한 사람만 수강 가능
결과물	1 기초 뜨기로 만든 인형 2 창작 매트	1 미에라공방이 디자인한 인형 2 직접 배색한 인형 3 개인 창작 소품	1 미에라공방이 디자인한 인형 2 패브릭이나 대바늘뜨기로 만든 인형 소품 3 코바늘뜨기로 제작한 담요	1 직접 디자인한 인형 2개 이상 2 포트폴리오

아이템 포인트
창작 도안만
사용했다

도안을 따라 만들다 보면 테크닉이 늘고 자신만의 취향을 파악하게 된다. 하지만 직접 도안을 만들어봐야 전문가로서 공방을 차리거나 도안을 판매할 수 있다. 미에라공방은 창작 도안으로 클래스를 진행하고, 창작 도안을 만드는 법을 가르친다. 직접 만든 창작 도안은 핸드메이드 용품 쇼핑몰 '엣시(www.etsy.com)', 온라인 손뜨개 커뮤니티 '라벨리(www.ravelry.com)' 등의 도안 공유 사이트를 통해 판매할 수 있으며, 모아두면 출판으로 연결될 수도 있다.

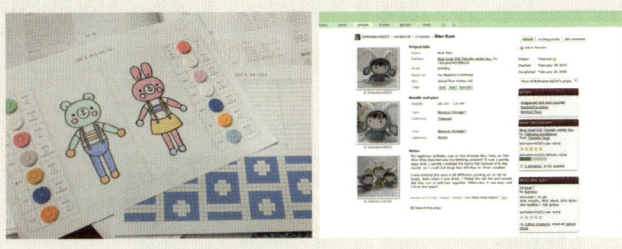

인테리어 포인트
촬영하기 좋게
꾸몄다

온라인 숍을 같이 운영하는 공방이라면 제품 촬영이 아주 중요하다. 이때 공방을 잘 꾸며놓으면 촬영 장소로 쓸 수도 있다. 미에라공방은 선인장 화분, 원목 가벽, 화사한 컬러의 철제 가구, 드라이플라워 등으로 작품을 어디에 놓고 찍든 화보 같은 연출이 가능하도록 꾸몄다. 제품 촬영 시 나무 가구, 식물 등의 자연적인 소재와 매치하면 따뜻한 분위기를 무난하게 연출할 수 있다.

홍보 포인트
실 판매 사이트
'라라나'를 타고
들어오도록 했다

대형 뜨개실 온라인 쇼핑몰인 라라나를 따로 운영한 게 홍보에 도움이 되었다. 라라나 홈페이지에 미에라공방 홈페이지로 연동되는 링크를 삽입해 자연스럽게 미에라공방을 노출시킨 것. 또한 미에라공방 블로그에 라라나 실에 대한 카테고리를 만들고 포스팅해 라라나까지 1석 2조의 홍보 효과를 누리게 했다.

미래의 수공예숍 오너를 위한 조언

"수공예를 좋아하는 사람들 대부분이 바느질, 자수, 손뜨개 등 3~4가지의 분야를 동시에 시작하려고 해요. 이것도 할 수 있고 저것도 할 수 있을 것 같은 자신감 때문이겠죠. 어쩌면 모두 다 붙잡고 있어야 할 것만 같은 불안감 때문이기도 하고요.

그러지 말고 처음엔 한 분야만 깊이 공부해보세요. 특히 취미가 아닌 자신만의 브랜드를 만들고 싶은 사람이라면 더욱 그래야만 해요. 냉정하게 자신이 남들보다 무엇을 더 잘할 수 있는지도 평가해보세요. 전문가가 되기 위해선 선택과 집중이 필요하니까요.

반대 입장에서 생각해보세요. 만약 내가 뜨개질을 배우고 싶다면 손뜨개 전문 공방을 알아볼 것 같아요. 이것저것 모두 가르친다는 공방이라면 쉽게 믿음이 생기지 않죠. 정체성이 없어 보일뿐더러 오래 기억되기도 어려울 거예요."

10

위기는 어떻게 극복해야 할까?

시행착오를 기회로 삼았습니다

잼 공방,
제나나 l 최채요

"남들은 실패라 여겼을 상황에서도
좌절하거나 포기해본 적이 없어요.
더 나은 방법을 찾아가는 과정이라
생각했습니다. 하고 싶은 일과
그 일을 어떤 신념으로 이뤄낼 것인지만
확고하다면 해결책이 보인답니다."

잼 공방, 제나나

나의 수공예를 소개합니다
핸드메이드 잼

프랑스에서 한겨울에도 과일을 맛있게 먹기 위해 설탕에 졸여 보관한 것에서 유래한 잼. 국내에서는 대량으로 유통되는 시판잼을 훨씬 많이 먹지만 최근 몇 년 사이 펙틴, 젤라틴, 녹말 등의 첨가물을 넣지 않고 소량으로 만들어 파는 수제 잼이 등장하기 시작했다. 과일 본연의 단맛을 즐길 수 있어 한 번 맛보면 더 이상 시판잼은 못 먹을 정도다. 몸에 좋은 먹거리를 찾는 사람들이 많아지면서 잼뿐만 아니라 소량으로 만들어 파는 핸드메이드 먹거리 창업은 주목받는 분야다.

나의 수공예숍을 소개합니다
제나나(Zenana Jam)

프랑스어로 여자의 방이라는 뜻의 이름을 가진, 잼을 만들고 파는 가게다. 가장 잘 나가는 우유잼, 사과 시나몬잼을 비롯해 제철 과일로 만든 약 20여 종의 잼을 만날 수 있다. 국내산 제철 과일 90%에 유기농 비정제 사탕수수당인 무스코바도(Muscovado) 10%만 넣어 잼을 만든다.

형태	오프라인 공방(4.5평) 운영
오픈	2012년 5월
개업 자금	3천만 원
자금 조달 방법	은행 대출
주 고객층	빵을 주식으로 하는 사람들. 연령대는 다양한 편
월 매출	1천만~1천500만 원
운영 시간	11:00~19:00
주소	서울시 종로구 옥인길 23-1(누상동)
전화	02-6326-1982
홈페이지	www.zenanajam.com

나를 소개합니다

최채요 (34)

중국에서 언론학을 전공한 유학파 인재였다. 한국에 들어와 방송작가로 일했으나 방송 일이 자신과 맞지 않는다는 걸 깨닫고 어릴 적부터 좋아했던 빵을 제대로 공부하고자 제과학원에 등록했다. 긴 시간 빵 가게 창업을 준비하다 일본의 유기농 토마토 농장 방문을 계기로 잼 공방을 차렸다. 서촌에서 매일 잼을 만들며 산다.

때로는 시행착오가 약이 된다

시행착오. 어떤 목표를 추구하는 과정에서 실패를 거치면서 좀 더 나은 방법을 찾아가는 일을 뜻한다. 누구나 위기와 실패 없이 성공적으로 창업하고 유지하고 싶지만 오랜 시간 치밀하게 준비했거나 사업가 기질을 타고 난 사람에게도 창업은 결코 녹록지 않다. 그래도 시행착오를 경험할수록 더욱 단단해지고 유연해지며 튼튼히 기반을 다질 수 있으니 다행스러운 일이다.

최채요 씨도 많은 시행착오를 거치며 잼 공방 '제나나'를 꾸려왔다. 처음 가게를 열었던 연희동 자리는 잼 가게 터로 적합한 곳은 아니었다. 핸드메이드 잼으로 창업 아이템을 정하고 제일 먼저 홍대 근처에 가게 자리를 알아보러 갔다. 월세로 몇백만 원을 내라는, 최채요 씨의 입장에서는 터무니없는 얘기를 듣고 집 근처 연희동으로 발길을 돌렸다. 적당한 위치의 1층에 빈자리가 있었고 마침 예산이 맞아 바로 계약했다. "오각형 구조의 공간이었어요. 독특해서 마음에 들었고 삼면이 유리창이라 채광도 좋았어요. 예쁜 카페 느낌이었죠. 3천만 원이 있었는데 보증금 2천만 원에 월세 77만 원이라 여기다 싶었죠. 그런데 오픈하고 한 달 만에 알았어요. 자리를 잘못 골랐다는 걸요."

잼은 설령 밀봉된 상태라 해도 서늘하고 그늘진 곳에서 보관해야 한다. 직사광선이 아닌 형광등 빛만으로도 얼굴이 타듯 잼도 온도가 높은 곳에선 갈변 현상을 일으키기 때문이다. 삼면의 유리창을 통해 들어오는 햇빛 양은 엄청났다. 온실효과 그 자체였다. 오픈 초기라 재고관리가 원활하지 않았던 상황까지 겹쳐 만들어놓은 잼의 반은 그대로 버릴 수밖에 없었다. 계약한 지 한 달밖에 안 됐는데 자리를 옮길 수도 없는 노릇. 대책이 시급했다. "별거 다 해봤죠. 햇빛 덜 받으라고 잼 위에 천을 덮어놓기도 하고 암막 커튼을 달까 생각도 해봤어요. 그러다 최소량의 재고 유지에서 답을 찾았어요. 제나나 잼은 유기농 재료로만 만들기 때문에 첨가물이 많이 들어간 다른 잼보다 유통기한이 훨씬 짧아요. 꼭 햇빛때문이 아니더라도요. 조금씩 자주 만들기로 했죠. 품이 더 많이 들지만 그 방법이 가장 현실적인 대안이었어요."

그때부터 지금껏 최채요 씨는 매일 두 차례, 두 종류의 잼을 만든다. 잼은 잠깐만 한눈을 팔아도 눌어붙거나 타버리므로 만드는 동안 꼼짝없이 붙어 있어야 한다. 내내 서서 일하기에 다리가 퉁퉁 붓고 어깨가 떨어져 나갈 듯 아픈 것도 다반사. 그래도 매일 거르지 않고 소량씩 만들다 보니 늘 최고 품질의 신선한 잼을 판매할 수 있었다. 잼으로 잘 만들지 않는 재료까지 도전해보는 기회도 되었다. 잼 가게로는 가장 부적합한 공간에서, 잼을 가장 맛있게 만드는 방법을 터득한 것이다.

제나나 시즌 2, 누상동 시대

제나나의 시즌 2가 시작된 건 2014년 5월 연희동에서 누상동으로 이사 오면서부터다. 연희동 자리의 재계약 기간에 건물 주인이 바뀌면서 보증금과 월세를 올리겠다는 통보가 왔다. 두 번째 위기였다. 그 즈음 매출이 안정세에 들어섰지만 고정비인 월세가 더 나가는 것은 부담스러웠다. 발을 동동 구르던 찰나, 집안 어른께서 업무용으로 쓰던 공간을 써도 좋다는 반가운 연락을 받았다. 그게 지금의 제나나 자리다. 보증금을 낼 필요도 없었고 77만 원이었던 월세가 60만 원으로 줄었다. 절약한 돈은 인테리어 비용으로 썼다. "연희동 공방의 인테리어는 직접

다 했어요. 페인트칠, 유리 청소, 타일이랑 벽지 바르는 일까지요. 온몸이 다 아프고 난리가 났죠. 이번에는 그러지 말자 싶어서 스타일이나 패턴 정도만 고르고 따로 사람을 써서 했어요."

가게 자리가 바뀌자 드느드는 손님층도 달라졌다. 서울 종로의 통인시장 인근인 누상동 일대는 특색 있는 작은 가게들이 모여 있는 곳으로 서촌이라 불린다. 제나나는 그중에서도 붐비는 골목에 있다. 외진 골목에 있던 연희동 가게는 제나나를 원래 알고 찾아오는 손님이 대부분이었지만 유동인구가 많은 누상동은 오가다 들르는 나들이객 비율이 훨씬 높다. "연희동 시절에는 손님과 친밀도가 높았어요. 저는 주방에서 잼을 만들고 손님들은 바 형태의 테이블에 앉아 잼과 스콘, 홍차를 먹으면서 이런저런 얘기도 많이 나눴죠. 대접받고 가는 기분이라고 하시더라고요. 그 손님이 다른 사람을 데리고 오고 또 누군가를 데려오는 식으로 단골이 늘었어요."

누상동 가게는 공간이 더 작아지기도 했고 생산자에게 훨씬 더 편리한 구조다. 잼을 만드는 주방이 공간의 반을 차지한다. 손님 서너 명만 들어서도 움직이기 쉽지 않을 정도로 입구와 응대 공간이 좁지만 누구 하나 불평하지 않는다. 오히려 나들이객들은 여성스럽고 우아하게 꾸민 제나나의 주방공간을 가볍게 구경하는 것을 좋아하는 듯하다. 흡사 유럽식 부엌처럼 탁 트여 잼 만드는 모습조차 다 보이므로 호기심을 자극하는 것이다. 이들은 토마토, 단감 등으로 만든 20여 종에 이르는 제나나의 독특한 잼들을 신기해한다. 이때를 놓치지 않고 최채요 씨는 작은 스푼에 잼을 떠서 맛보라며 건넨다. 게다가 그의 인심은 후하다.

시식용 잼을 따로 뒀다가 손님이 청하는 만큼 종류별로 맛보여준다. 뜨내기 구경꾼들을 자기 손님으로 만드는 최채요 씨의 비법인 셈이다.

"한 종류의 상품을 파는 곳일수록 품질이 중요합니다. 제나나는 가장 좋은 재료를 사용해 정직하게 잼을 만드는 곳이에요. 먹어봐야 얼마나 다르고 좋은지 알죠." 몇 가지 잼을 입맛대로 맛본 손님들은 고개를 끄덕이고는 결국 잼 한두 병씩을 구입해 가게를 나선다.

빵 맛 찾으러 갔다가 잼 맛 알아 돌아오다

자신이 계획했던 대로만 이루어지는 일은 거의 없다. 수공예숍을 꾸리는 일 또한 매 순간이 예상 못했던 대로 흘러가고 크고 작은 위기가 찾아온다. 최채요 씨도 마찬가지였다. 하지만 그런 시행착오와 위기를 도리어 기회로 소화해냈다. 매일 두 번 잼을 만들어 품질을 높이게 된 것, 월세가 높아진 탓에 자리를 옮겨 더 많은 손님을 맞게 된 것, 모두 악재를 호재로 푼 사례다. 위기일수록 더욱 객관적으로 상황을 판단했고 고집 피우기보다 여건에 맞춰 유연한 태도를 취했다. 침착하게 대안을 찾은 것이다.

사실 최채요 씨가 잼 공방을 차린 것 자체가 대안이었다. 원래는 빵집을 차릴 생각이었다. 그는 대학에서 언론학을 전공하고 2년 정도 방송작가로 일하다가 방송일이 자신과 맞지 않음을 깨달았다. 곧장 그만둔 뒤 제과학원에 등록했다. 다른 건 몰라도 어릴 때부터 맛있는 음식을 찾아다니고 그 음식을 집에서 만들어보는 일에는 정말 부지런했다. 빵만큼은 더 그랬다. 중학교 시절에는 집에 있던 요리대백과의 제과편을 뒤적거리며 빵을 구웠는데 온도 설정이 정확히 안 되는 오븐이라

제나나 잼은 100mL, 150mL 두 가지 용량을 기본으로 판매한다.
잼을 만들 때 유기농 재료만을 고집하듯 포장도 화려하지 않고 내추럴한 느낌을 선호한다.

그릇을 태워 먹기 일쑤였다. 심지어 빵이 예쁘게 부풀어 오른다는 비싼 베이킹소다를 사러 백화점에 가는 게 그 시절의 가장 큰 소원이었다.

하지만 빵 가게를 열기까지 많은 준비가 필요했다. 창업 전까지 생활비를 벌어야 했기에 카페와 빵집에서 꾸준히 아르바이트를 했다. 학원과 실무 경험을 통해 빵 만드는 법을 충분히 배웠다고 생각한 최채요 씨는 빵의 본고장 프랑스로 빵 순례를 떠난다. 50일간 10여개 도시를 여행하며 입에 맞는, 정말 맛있는 빵을 찾아 다녔다. "먹어본 사람이 안다고, 다른 건 몰라도 빵 맛은 좀 안다고 생각했어요. 제 입에 맞으면 창업해도 잘될 거라 생각했고요." 여행을 마치고 창업의 푸른 꿈을 안고 호기롭게 귀국했건만 막상 가게를 열 준비를 하다 보니 제과 공부를 시작했던 시점과는 시장 상황이 많이 변해 있었다. 소규모 빵집들이 유행처럼 우후죽순 생기기 시작한 것이다. 이대로는 안될 것 같아 좀 더 준비를 하자 싶어 이번엔 일본 워킹홀리데이 비자를 신청해 삿포로로 건너갔다. 원래 도쿄에 가려고 했지만 후쿠시마 원전 사고가 터지면서 좀 더 멀리 있는 삿포로로 방향을 틀었다.

그곳에서 우연히 유기농 토마토 농장에 들른 것을 계기로 최채요 씨는 빵이 아닌 잼을 팔게 되었다. "농장 앞에서 간이 테이블을 놓고 토마토 잼을 팔고 있었어요. 한입 먹어봤는데 너무 맛있는 거예요. 어떻게 만들었냐고 물었더니 '그냥 설탕 넣고 끓인 거야'하더라고요. 엄마들이 그냥 했다는 요리가 정말 맛있는 것처럼요." 태운 냄비가 몇 개고, 만들다 망쳐서 버린 과일이 얼마나 많은지 모르겠다고 했다. 어렸을 때 엄마가 해줬던 것처럼 맛이 가기 직전의 저렴한 과일을 사다가 잼을 만들어보기도 했다. 헌데 못 먹을 맛이 났다. 좋은 제품을 만들고 싶으면 좋은 재료를 사용해야 한다는 가장 기본적이지만 중요한 교훈을 그때 얻었다.

제나나의 모든 잼은 제철에 수확한 유기농 과일 90%와 유기농 비정제 사탕수수당인 무스코바도 10%의 비율로 만들어진다. 레몬도, 파인애플도 모두 국내산 유기농만 쓴다. "레몬은 제주도에서, 파인애플은 거제도에서 받아와요. 바나나잼은 안 팝니다. 국내산이 아니어서요. 국내산 과일로 맛있게 만들 수 있는 잼이 이렇게 많은데 굳이 수입산을 쓸 필요는 없잖아요."

누상동으로 자리를 옮긴 지 이제 곧 1년, 제나나를 시작한 지는 3년쯤 되었다. 최근 플리마켓이나 SNS 채널을 활용해 수제 잼을 파는 사람이 늘어난 건 반가운 일이지만 '오직 잼만 파는 가게'를 조금 앞서 시작한 사람으로서 고민이 많다. "시판잼 맛에 길든 사람들의 입맛을 바꾸는 게 쉽지 않아요. 달콤한 냄새를 맡고 들어왔다가 단맛이나 찰기가 적어 이상하다며 나가는 사람, 당근이나 단호박같이 익숙하지 않은 재료로 만든 잼을 낯설어 하는 사람도 있어요. 시간이 걸리겠지만 채소나 과일이 가진 천연의 맛을 그대로 담은 잼을 만들고 알리는 일에 최선을 다할 겁니다." 최채요 씨는 위기를 기회로 바꿀 줄 아는 능력, 품질을 최우선으로 생각하는 장인정신, 하고자 하는 일은 조금씩 대안을 찾더라도 끝내 해내는 소신으로 제나나를 꾸려왔다. 인생에는 정답이 없다지만 제나나처럼 스스로 찾을 수 있는 해답으로 위기에 임한다면 그리 막막하지만은 않을 것 같다. 또 다른 위기를 넘긴 제나나의 다음 장은 또 어떤 모습일까. *written by* 신정원

제나나's Check Point

운영 포인트
오프라인 공방에
집중했다

최근 제나나는 그간 함께 운영해오던 온라인 숍을 닫았다. 온라인 매출은 실제 제나나 매출의 1% 정도였다. 하지만 매출이 적어서가 아니라 오프라인 매장에 직접 들러서 잼을 사 가길 바라는 마음으로 닫았다. 온라인 숍은 유지 비용이 거의 들지 않지만 신경 쓰지 않으면 곧장 티가 난다. 제나나처럼 제대로 된 오프라인 공간이 있다면 한 채널에만 집중하는 것도 방법이다.

**본업과 취미생활의
조화를 중시했다**

창업을 한다 해도 회사만 다니지 않을 뿐, 똑같이 출근하고 더 늦게 퇴근하며 때로는 주말마저 반납할 각오를 해야 한다. 하지만 틈틈이 자신에게 쉴 틈을 주는 것도 필요하다. 지속 가능한 본업을 위한 쉼표 말이다. 최채요 씨도 창업 초창기에는 엄두를 내지 못했지만 요즘에는 월, 수요일 저녁에 프랑스어를 배우고 화요일에는 재봉 수업을 듣고 있다. 취미생활을 위한 여유를 남겨두지 않으면 본업도 결코 오래가지 못한다는 믿음 때문이다.

아이템 포인트
잼을 돋보이게
하는 스콘을 같이
판매했다

제나나는 오로지 잼 판매에 집중하는 곳이다. 하지만 잼은 단독으로 먹는 음식이 아니다. 보통 빵에 발라 먹고 요거트 등에 섞어 먹기 마련인데 제나나에서는 잼을 돋보이게 하는 용도로 스콘 정도만 같이 제공한다. 하지만 그것마저도 잼 공방이라는 정체성을 거스르지 않을 정도로 유지한다. 잼을 맛보기 좋도록 자그마한 크기로 만들고 매일 아침과 점심에 적당량만 구워 딱 그만큼만 팔고 만다.

인테리어 포인트
평소 좋아하던 앤티크 스타일로 꾸몄다

제나나는 프랑스어로 여자의 방이라는 뜻이다. 우아한 여자의 방에서 잼, 스콘, 홍차를 두고 티 타임을 갖는 이미지를 생각하며 이름을 지었다. 평소 최채요 씨는 앤티크풍의 그릇 모으는 걸 좋아했는데 가게 이름과 잘 어울리겠다는 생각에 인테리어 콘셉트까지 앤티크 스타일로 잡았다. 요즘 인기 있는 카페나 상점들을 보면 하나같이 벽면을 하얗게 칠하고 모던하게 꾸미지만 구태여 유행을 따를 필요는 없다고 생각했다. 자신에게 맞는 스타일을 택하니 인테리어 하기가 훨씬 편했다. 앤티크풍의 벽지부터 화려한 샹들리에, 고풍스러운 싱크대 문짝에다 이제껏 모아온 우아한 찻잔들까지, 주인장의 취향을 고스란히 드러냈기에 더 매력적인 공간이 되었다.

미래의 수공예숍 오너를 위한 조언

"손으로 만드는 일은 굉장히 신성하다고 생각합니다. 생각과 정성을 담는 거잖아요. 수공예숍은 생각과 정성을 담은 물건을 파는 곳입니다. 쉽고 빠르게 해결하려는 태도와는 어울리지 않죠. 3개월 정도 준비해 창업하고 몇 개월 운영하다 장사가 안 되면 망했다고 말하는 사람들이 있어요. 너무 성급한 게 아닐까요? 초등학교부터 고등학교까지 12년, 거기에 대학 교육까지 더 받고 입사해도 복사 하나 제대로 못한다고 혼나기 일쑤잖아요. 어떤 일을 처음 한다면 적응할 시간이 필요합니다. 부디 오래 준비하고 시작했으면 해요.

또 목적이 분명한 창업을 하세요. 저도 빵 가게 하려다가 잼으로 바꿨지만 좋은 재료로 정직하게 만들겠다는 신념만은 바꾸지 않았어요. 방법은 달라질 수 있지만 신념은 지키자는 이야기입니다. 그래야 변수마다 쉽게 타협하지 않고 제 길을 갈 수 있어요.

제나나를 보고서 창업하고 싶다며 찾아온 분들도 많았어요. 매출도 크고 커피에 비해 아이템이 독특하니까 한번 해볼까 싶었나 봐요. 하지만 수제 잼은 단가의 40%가 재료값으로 나가요. 일본은 70%, 프랑스는 80~90%가 빵을 주식으로 하지만 우리나라는 여전히 쌀이 주식이죠. 이런 시장 상황을 고려한다면 선뜻 잼 가게를 차릴 수 있을까요? 신중히 창업할 아이템을 택하고 시장 분석을 철저히 해야 한다는 이야기입니다. 남의 성공이 꼭 내 성공일 순 없으니까요."

LESSON

미래의 수공예숍
오너를 위한
스타트업 가이드

뭐라도 해볼 수 있을 것 같지만
막상 무엇부터 해야 할지 암담한 당신을 위해
수공예숍 창업의 프로세스와
각 과정에서 필요한 필수 정보를 모았다.
취미가 일이 되는 보람을,
일과 삶이 공존하는 기쁨을 누리기 위해서
적어도 이 정도는 알아야 한다.

LESSON 1
나만의 수공예숍을 열기까지

나는 왜 수공예숍을 차리고 싶은가? 이 질문이야말로 모든 것을 시작하기 전에 해야 할 생각이다. 손재주를 취미로만 묵히기는 아까워서, 좋아하는 일로 밥벌이하며 살고 싶어서, 회사 다니기 싫어서 등 이유야 많겠지만 분명한 것은 '그저 재미있어 보여서'는 아니어야 한다는 것. 이 책에서 만난 수공예숍 오너들 대부분이 직장인보다 더 긴 시간 일하고, 수많은 잡무를 혼자 처리하고 있었다. 내 이름을 내건 일을 한다는 달콤함과 비례하는 호된 강도의 업무가 당신을 기다리고 있다. 그럼에도 수공예숍을 시작하고 싶다면 보통 아래와 같은 프로세스를 거치게 된다. 단, 수공예 분야에 따라 어떤 유형의 숍인지에 따라 순서나 내용이 달라질 수 있다.

내 재주 파악하기
자신에게 어떤 손재주가 있는지 파악하고 취미를 넘어서 전문적으로 제품 개발이 가능한지 객관적으로 파악하는 단계. 기술이 부족할 경우 다양한 교육기관을 통해 실력을 키운다.

⌄

내게 맞는 수공예숍 유형 찾기
온라인 숍, 오프라인 공방, 블로그 판매 등 운영 가능한 수공예숍 유형을 결정하는 단계. 갖고 있는 창업 자금, 육아나 다른 일의 병행 여부 등을 고려해 결정한다. 창업 자금이 모자라 고민이라면 사업계획서를 정리해 창업 지원금을 노려본다.

공간 알아보기
집의 방 한 칸에서 시작할 수도, 단 2평짜리 월세방을 빌리거나 공동 작업실을 이용할 수도 있다. 판매를 위한 숍 겸 공방으로 사용할지, 작업실로만 쓸 것인지에 따라 입지와 규모가 달라진다.

▽

각종 등록 절차 밟기
사업자등록과 통신판매업신고 등 필수 등록 절차를 밟는 단계. 온라인 판매를 병행한다면 통신판매업신고는 필수다.

▽

브랜드 콘셉트 잡기
브랜드를 구축하고 브랜딩 요소인 이름, 로고 등을 정하는 단계. 내 브랜드에 담고 싶은 이미지를 구체적으로 적어보고 시각화해야 한다.

▽

공간 인테리어
인테리어 콘셉트를 정해 내부 및 외부 인테리어를 한다. 작업실로만 쓰는 공간이라도 부자재를 효율적으로 수납할 수 있게 공간을 구성한다. 온라인 숍이라면 홈페이지를 만드는 단계다.

▽

주요 상품 준비
주요 상품을 정하고 가격을 책정한 뒤 진열한다. 제품이 10종 이상은 되어야 꾸준한 판매를 유도할 수 있다. 주문제작 방식이라면 재고관리가 필요 없지만 일반 판매할 경우 확보 가능한 재고 수량까지 파악한다.

LESSON 2
수공예를 배울 수 있는 교육기관

인터넷을 통해 정보를 쉽게 공유하는 세상인 만큼 수공예 기술을 익히는 방법 또한 쉬워졌다. 유튜브, 블로그 등으로 정보를 얻거나 전문서적을 구입해 독학하는 사람도 있다. 하지만 빨리, 체계적으로 수공예 기술을 배우고 싶다면 검증된 교육기관을 이용하길 권한다. 공공기관이나 여성 대상의 단체에서 진행하는 강좌는 일반 사설학원에 비해 수업료가 저렴하거나 무료로 배울 수 있어 부담 없이 시작할 수 있다. 수공예에 관심 많은 사람들 사이에서 이미 유명한 대표 기관을 모았다.

한국문화센터
섬유예술, 전통침선, 꽃, 미용 등 생활과 문화 부분에 특화된 강좌가 많다. 서울, 경기, 충청, 전라, 강원, 경상 등의 지역에 약 100개의 지부가 있다. 홈페이지에 수준별 교육 내용이 자세히 나와 있으며 각 지부에서 운영하는 별도 홈페이지를 통해 인근 지부에 개설된 신설 강좌를 쉽게 찾아볼 수 있다. 수강료 외에 연회비 5만 원을 내야 하지만 다른 기관에 비해 수강료가 저렴해 사람들의 만족도가 높다.
www.hanc.co.kr

풀잎문화센터
수공예에 특화된 교육기관으로 규방 공예, 서양 자수, 손뜨개, 천연 비누, DIY 가구, 가죽 공예, 도예 등 약 140개의 과목이 개설되어 있다. 과목에 따라 일주일에 2~4회 정도 수업이 진행되며 아침 10시부터 저녁 9시 사이 원하는 시간대를 자유롭게 선택할 수 있다. 1:1 개인지도 방식의 수업으로 이해를 못하는 부분은 집중·반복 수업이 진행된다. 자체적으로 발급하는 민간자격증이 있어 취득한 후 200여개 지부에서 강사로 활동할 수도 있다. www.pulib.com

여성인력개발센터

경력 단절로 재취업에 어려움을 겪고 있는 여성 실직자, 장기적인 계획을 가지고 이직을 염두에 둔 직장인, 취업 준비생을 대상으로 한다. 여성 맞춤형 프로그램이 가장 큰 특징이다. 타 기관과 비교해 분야가 다양하고 매달 신규 개설 프로그램도 많은 편이다. 홈패션, 의상 제작, 컴퓨터 기초, 제과제빵 등의 분야를 접할 수 있다. 53개의 지부에서 진행하는 프로그램이 모두 달라 시간과 장소, 기간 등을 잘 살펴보아야 한다.

www.vocation.or.kr

소잉팩토리

재봉틀 회사로 유명한 '부라더미싱'에서 운영하는 홈패션 재료 쇼핑몰 겸 오프라인 숍이다. 다양한 종류의 원단부터 조각 천, 부자재 등을 한데 모은 모습이 마치 동대문종합상가를 축소해놓은 듯하다. 이곳에서 물건을 구매한 사람들에 한해 개방하는 작업 공간에서는 재봉틀을 다루는 기본 기술부터 제품을 완성하는 단계까지 전문 강사의 지도를 받을 수 있다. 서울 강남구 신사동에 있는 소잉팩토리 아카데미에는 별도의 심화과정이 준비되어 있다. 국비지원교육프로그램 '근로자직업능력개발훈련'이 개설되어 있어 고용노동부 홈페이지에서 내일배움카드를 발급받고 신청하면 심사를 거쳐 1년 기준으로 교육별 50~100%의 수강료를 환급받을 수 있다.

www.sewingfactory.co.kr

한국방송통신대학교 경기지역산학협력단

한국방송통신대학교에서 산업교육을 진흥시키기 위해 설립한 교육기관이다. 지역 주민, 실업자, 직장인들의 취업·창업·경력 계발을 위한 국비지원 프로그램을 운영하고 있으며 창업 상담 센터의 전문가와 지속적인 상담 프로그램도 진행한다. 의류제작 및 수선실무 기본과정, 홈패션 및 생활소품 실무과정 등이 개설되어 있다. 내일배움카드를 발급받아 등록하면 저렴한 비용으로 수강 신청을 할 수 있으며 식대와 교통비도 지원한다.

www.hrdknou.co.kr

내일배움카드란?

고용노동부에서 실업자의 직업 능력을 키우기 위해 카드를 발급, 일정 금액의 훈련비를 지원하는 제도다. 직장을 다니는 사람도 지원받을 수 있으며 연간 매출액 8천만 원 미만의 자영업자도 신청 가능하다. 직업능력지식포털 HRD-Net(www.hrd.go.kr)에서 회원 가입한 후 절차를 밟으면 된다. 1인당 1년 기준 200만 원을 지원받으며 취업 전까지 최대 2회 재발급할 수 있다.

LESSON 3
자본 규모별 수공예숍 유형

수공예숍은 카페 등의 다른 분야에 비해 특별한 설비가 필요하지 않아 상대적으로 창업 비용이 적게 든다. 이 책에서 취재한 숍들의 창업 자금은 적게는 100만 원부터 많게는 4천만 원 수준이었으며 블로그나 온라인 숍으로만 판매하는지 오프라인 공방을 운영하는지 등 운영 유형에 따라 자금 규모가 달랐다. 특히 처음 창업할 때는 창업지원센터의 공간 지원을 이용해 공방 없이 창업하고 브랜드가 자리를 잡기 시작한 뒤 더 큰 자금을 들여 독립된 공간으로 이동하는 경우도 있었다. 내가 가진 자금이라면 어떤 형태로 창업할 수 있을지 자금 규모별로 차릴 수 있는 수공예숍 유형을 살펴보고자 한다. 유형에 따라 명심해야 할 점도 다르다.

~300만 원

우리 집 작업실 + 블로그 및 SNS 판매
일반적으로 육아와 일을 병행하려는 주부들이 많이 시작하는 형태. 홈페이지 제작비나 오프라인 공방 마련 비용을 절약하고 무료로 사용할 수 있는 블로그와 SNS를 통해 판매한다. 오로지 재료나 도구를 사는 비용만 투자하므로 최소 비용으로 수공예숍을 차리는 방법이다. 단, 블로그나 SNS 판매 역시 상업 행위이므로 정식으로 통신판매 절차를 밟아야 한다. 따로 출근하지 않기에 자칫 나태해질 수 있다는 단점이 있으며 육아나 집안일과 병행하려면 시간 분배가 중요하다. 대부분 방 한 칸을 비워 작업실로 쓰는 경우가 많으므로 효율적인 공간 수납에 신경을 써야 한다.

300만~1천만 원

우리 집 작업실(공동 작업실) + 온라인 숍 판매
집이나 공동 작업실에서 제품을 생산해 공간 마련 비용을 줄이고 온라인 숍으로
판매하는 형태. 별도의 홈페이지를 개설해 판매함으로써 블로그, SNS 판매보다
전문적인 브랜드로 인식된다. 적어도 10종 이상의 상시 판매할 수 있는 제품 리스트가
있거나 꾸준히 신제품 개발 및 업데이트가 가능해야 지속해서 고객을 유치할 수 있다.
블로그나 SNS 판매보다 제품 이미지와 홈페이지 디자인의 완성도가 높아야
신뢰감을 줄 수 있다. 사진 스튜디오를 통해 제품 이미지를 찍거나 직접 찍더라도
최소한의 조명 장비나 일정한 촬영 장소를 갖추는 게 좋다. 자연광을 사용한다면 같은
시간대에 촬영해 색감을 통일한다. 홈페이지 구성은 사용자 편의를 고려한 간편한
레이아웃이 좋다. 평소에 눈여겨봤던 홈페이지가 있다면 제작자에게
시안으로 보여주도록 한다.

1천만~5천만 원

오프라인 공방 (+ 온라인 숍)
창업 자금 중 대부분이 보증금 및 인테리어 비용으로 사용된다. 블로그 및
SNS 판매로 시작하든, 우리 집이나 공동 작업실에서 시작하든, 누구나 최종적으로는
자신의 오프라인 공방을 여는 것을 꿈꾸므로 궁극의 수공예숍 형태라 할 수 있다.
취재한 수공예숍들은 작게는 서너 평의 공간에서 15평까지 갖추고 있었으며, 필요에
따라 온라인 숍을 같이 운영하고 있었다.
오프라인 공방 운영 시 인테리어 비용은 옵션이다. 업체를 쓰느냐 셀프 인테리어를
하느냐에 따라 비용 차이가 천차만별이다. 셀프 인테리어를 한다 해도 보수공사가
필요할 수 있으므로 벽면과 바닥공사, 전기공사 등의 공간설비는 업체에 맡기자.
수납장 설치 및 공간 구성 등은 원하는 콘셉트대로 스스로 해결해봐도 좋다.

LESSON 4
창업 지원 프로그램 제대로 노리기

정부는 예비 창업자들을 위해 지자체나 대학 등의 교육기관에서 주관하는 창업 지원 프로그램 개발을 적극 장려하고 있다. 사무 공간을 빌려주거나 시설과 장비, 운영비, 홍보 방법, 재무 및 회계 교육까지 지원해준다. 창업넷 홈페이지(www.startup.go.kr)를 통해 자세한 정보를 확인할 수 있으며 정부 지원 사업의 70% 정도가 1월에서 5월 사이에 마감되니 창업 시기를 잘 맞추는 것도 중요하다. 창업넷 홈페이지를 방문했지만 막상 어디에서부터 어떻게 살펴봐야 할지 눈앞이 깜깜하다면 우선 창업정보 메뉴에서 공고·신청을 클릭해 지난해 정부 지원 사업을 모아 분석한다. 지원 자격 조건, 금액, 지원 방법 등을 정리하다 보면 자신에게 해당하는 프로그램을 찾을 수 있다. 그중에서도 수공예숍 창업에 도움이 될 만한 지원 프로그램을 꼽아 소개한다. 또한 창업 지원을 노릴 때 가장 중요한 매력적인 사업계획서를 쓰는 노하우도 함께 알아보자.

믿을 수 있는 창업 지원 프로그램

1. 챌린지 1000프로젝트 — 서울산업진흥원에서 주관하는 챌린지 1000프로젝트(www.2030.seoul.kr)는 청년들을 위한 맞춤형 지원 서비스다. 지원 대상은 주민등록상 서울시 거주자이며 만 20~39세까지. 서류 합격자 1천여 팀 중 예비 합격자 500여 팀에게 300만 원씩을 지원하고, 일정기간 심사해 선발한 최종 합격자 200여 팀에게 700만 원씩의 사업비를 추가 지원한다. 서울산업진흥원은 강북청년창업센터에서 '예비 창업자를 위한 창업확산 프로그램'도 운영하고 있다. 챌린지 1000프로젝트는 거주지와 연령이 제한되지만 이 프로그램은 별도 제한 없이 누구나 이용할 수 있다.

2. 1인창조기업 마케팅지원사업 — 중소기업청이 주관하는 1인창조기업 마케팅지원사업은 창업은 했지만 홍보 능력이 부족해 역량을 제대로 펼치지 못하고 있는 이들을 위한 지원 프로그램이다. 사업에 필요한 시각 및 제품 디자인, 홈페이지 제작 등을 제공하며 최대 2천만 원까지 제작 비용을 지원한다. 접수 방법은 창업넷 홈페이지 참조.

3. 시니어창업센터 — 시니어창업센터는 만 40세 이상 전문 경력을 지닌 예비 창업인이 지원할 수 있으며 그동안 쌓은 경력과 기술력, 연륜을 최대 강점으로 한 시니어들을 위한 프로그램이다. 사무 공간, 회의실 등의 업무 공간을 지원하고 세무나 회계, 법률 등에 관한 전문가 상담이나 교육을 받을 수 있다. 전국에 총 15개의 센터가 운영되고 있으며 센터마다 다양한 프로그램들이 준비되어 있다.

심사위원을 사로잡는 사업계획서 쓰는 법

1. 문장은 간결하게! 이미지를 활용하라 — 사업계획서에는 창업 동기 및 배경, 사업 아이템 개요, 시장 분석, 운영 계획, 마케팅 전략, 예상 매출 등이 담긴다. 보통 정해진 틀이 없기 때문에 자유롭게 서술하면 되지만 글만 길게 풀어쓰는 것은 설득력도 없고 지루해 보인다. 한눈에 읽기 편하게 문장을 요약하고 직관적 단어를 사용하며 이미지를 활용해보자. 검증된 기관의 통계자료를 이용한 인포그래픽을 넣으면 설득력이 배가 된다. 맞춤법에 유의하고 일반적이지 않은 약어 사용은 삼간다.

2. 확실한 근거를 바탕으로 논리적으로 작성하라 — '우리 제품이 세계 최고예요' 같은 근거 없는 자신감은 모호한 인상만 남긴다. 자신의 브랜드가 기존에 나온 제품과 어떻게 다른지, 예측되는 문제를 어떻게 해결할 수 있을지 제시하라. 시제품을 만들어 보여주는 것도 좋다.

3. 인적사항에 증명사진을 첨부하라 — 인적사항을 적는 부분에는 증명사진을 첨부하자. 일면식도 없는 사람보다 스치듯 지나치더라도 얼굴 한 번 본 사람이 기억에 더 남는 법이다. 나이, 학력, 경력 사항 등을 단순히 나열하기보다 자신의 이력이 창업에 어떻게 활용될 수 있는지 설명을 덧붙인다면 신뢰를 더한다.

LESSON 5
내 가게와 딱 맞는 동네 찾기

입지 선정은 사업 성패의 70%를 차지할 만큼 매우 중요한 요소다. 직접 발로 뛰며 눈으로 해당 지역의 상권을 파악하는 것이 좋은데, 발품을 판 만큼 믿을 만한 정보가 들어온다. 여러 부동산을 통해 정보를 모으는 것도 놓치지 말자. 상권 정보 홈페이지(sg.sbiz.or.kr)에서는 상권 분석과 통계에 대한 자료를 찾아볼 수 있다.

상권 조사 시 알아볼 항목

통계 자료 조사	인구수, 세대수, 주거 형태(단독 주택, 아파트 복합형)
상권 형태 및 규모 파악	주간 상권, 야간 상권, 고정 상권, 유동 상권
통행 인구 조사	성별, 연령별, 시간대별, 요일별 통행 인구수, 통행객 성격
통행 차량 조사	통행 차량의 수와 시간대 파악
경쟁 점포 조사	예상되는 경쟁 점포의 이용 객수, 제품의 가격대
상권의 향후 전망 조사	주변 상권의 확대·축소 가능성, 개발 계획 등 파악

출처 중소기업청·소상공인시장진흥공단에서 발표한 〈창업준비 10단계〉 중

상권을 조사할 때에는 유동인구 수, 통행 차량의 수와 시간대, 주변 상권의 개발 계획, 주거 형태 등을 알아보는 방법이 있다. 하지만 이러한 조사 방식이 요즘 시장이나 수공예 분야의 창업에 꼭 들어맞는 것은 아니다. 페이스북, 인스타그램 등 SNS을 통한

입소문만으로도 충분히 손님을 끌어 모을 수 있는 시대 아닌가. 이 책에 소개한 수공예숍 오너들의 입지 선정 방법과 지역별 특징해 대해 분석하면 아래와 같다.

A급 대신 B급 입지를 선택하라
좋은 자리의 임대료가 비싼 것은 당연하다. 마음에 드는 입지지만 금액이 높아 부담스럽다면 그 근처의 B급이나 C급의 입지에서 시작하는 방법이 있다. 연남동, 경리단길, 계동, 옥인동 등 요즘 핫플레이스로 손꼽히는 동네도 불과 2, 3년 전에는 그저 번화가 옆 작은 동네였다. 유동인구가 많은 중심상권의 옆 골목, 또 그 옆 골목에 관심을 기울이자. 적극적인 홍보와 차별화된 아이템만 갖춘다면 승산 있는 게임이 될 수 있다.

예술가들의 작업실 곁을 눈여겨보라
공장과 임대 아파트 등이 밀집해 있는 미국 뉴욕의 소호와 첼시, 중국 베이징의 다산쯔 798예술구 등은 돈이 없는 젊은 예술가들이 저렴한 공간을 찾기 위해 모인 지역이었다. 이들로 인해 주변에 숍과 갤러리가 형성되고, 예술가를 찾는 사람들의 방문이 이어지기 시작하며 커피숍과 레스토랑 등이 번져 지역 문화가 형성되었다. 서울에서는 홍대, 가로수길, 이태원 등이 그랬다. 예술가의 작업실, 작은 카페, 동네 서점이 모이는 골목을 눈여겨보자. 앞으로 핫플레이스가 될 곳들이다.

내 수공예의 특성에 맞게 지역을 선택하라
작업실과 매장을 겸하는 공간을 원한다면 수공예의 특성에 맞춰 지역을 선택할 수도 있다. 예를 들어 재봉틀을 많이 사용하는 패브릭 소품 브랜드나 유아복 브랜드는 소규모 봉제공장이 밀집해 있는 창신동에, 가구나 철제 소품을 만든다면 철공소 단지로 유명한 문래동에 자리를 잡는다. 작업 시간과 운반비 등을 절약할 수 있으며 전문 기술자도 만날 수 있기 때문이다. 대규모 공장 밀집지역으로 유명한 성수동도 최근 주목받는 동네 중 하나. 구두 공방이 모여 있는 곳으로도 유명한 이곳에 패션 및 액세서리 디자이너와 큰 공간이 필요한 예술가의 작업실들이 들어서고 있다. 대부분 큰 공장이었던 곳을 개조해 사용하므로 마음에 맞는 사람들끼리 공간을 나눠 쓰곤 한다.

LESSON 6
나만의 브랜드 만드는 법

창업한다는 것은 곧 브랜드를 만든다는 말과 같다. 브랜드 이름과 로고는 제품보다 앞서 고객과 만나는 첫 얼굴임을 기억하자. 회사의 경우 새로운 브랜드를 론칭할 때 막대한 자금을 들여 글로벌 디자인 에이전시에 브랜드 이름과 로고 디자인을 의뢰할 정도다. 자금이 부족해 전문가에게 의뢰하지 못한다고 포기하진 말자. 스스로 브랜드 이름을 짓고 로고 디자인을 하는 데 필요한 팁을 모았다.

브랜드명 쉽게 짓는 법

1. 자신이 좋아하는 키워드를 뽑아라 — 자신이 좋아하는 것, 어릴 적 별명, 의미 있는 숫자, 문자, 자주 쓰는 말버릇 등에서 키워드를 뽑고 그것이 제품과 어울리는지 매치해본다. 그리고 발음했을 때 입에 잘 붙는지, 두세 번 반복해 불렀을 때 자연스러운지, 마지막으로 글로 써봤을 때 글자 배열이 어색하지 않은지를 체크한다.

2. 쇼핑, 믹싱, 세팅의 스미스 이론을 활용하라 — 콜마이네임(Call my name)이라는 이름 짓기 수업을 운영하는 네이미스트 정신이 개발한 '스미스(smith, S.M.S) 이론'에 따르면 이름을 짓기 위해서는 먼저 관련 단어를 쇼핑해야 한다. 예를 들어 호텔 이름을 짓는다면, 호텔이 소개된 라이프스타일 잡지를 보거나 호텔이 배경으로 등장하는 영화를 보면서 호텔과 연관된 단어를 쇼핑하듯 모은다. 쇼핑한 단어를 지우거나 덧붙이면서 이름 후보를 추려내는 것이 믹싱, 완성한 이름을 국문, 영문버전으로 갖추고 홈페이지 주소 등을 만들어 브랜드 론칭을 위한 준비를 하는 게 세팅이다.

기억에 남는 로고 디자인 만드는 법

1단계: 내 스타일을 파악한다 — 자신의 스타일에 맞는 디자인을 해야 애정이 가고, 그 애정이 손님에게도 고스란히 전달되어 오래 브랜드를 유지할 수 있다. 자신이 어떤 스타일의 이미지를 좋아하는지에 대한 답은 스마트폰 사진첩에 있다.

> 로고 디자인의 트렌드를 알고 싶다면?
> 세계 3대 디자인상이라 불리는 레드닷디자인상, IF디자인상의 커뮤니케이션 분야 수상작들을 둘러보자. 신선하고 위트 있는 아이디어를 얻는 데 도움이 된다.
> 로고라운지닷컴(www.logolounge.com)에서 매해 로고 트렌드를 정리해둔 리포트를 볼 수 있다.

2단계: 내 브랜드와 어울리는 이미지를 스크랩한다 — 주로 인터넷이나 잡지, 책, 영화 등에서 찾을 수 있다. 이때 중요한 것은 고민하거나 생각하지 말고 순간적인 판단으로 마음에 드는 이미지를 선택하는 것이다. 로고 디자인은 직관적일수록 좋다. 보자마자 눈에 띄어야 브랜드를 처음 접하는 손님에게 이미지를 각인시킬 수 있다.

3단계: 이미지와 브랜드 이름을 배치한다 — 선별한 이미지와 브랜드 이름을 내가 원하는 스타일대로 자유롭게 배치해본다. 포토샵이나 일러스트레이터 같은 디자인 프로그램이 없다면 그림판이나 파워포인트 같은 기본 프로그램을 이용해도 된다. 이미지와 브랜드 이름의 위치를 잡고, 글꼴이나 글자 크기를 조절해 얹어보자. JPG 이미지나 PDF 파일로 저장하면 완성! 이렇게 만든 로고 이미지는 스티커나 라벨, 포장지 등을 제작할 때 삽입해달라고 요청하면 된다.

LESSON 7
수공예숍 필수 등록 마스터하기

상거래 행위를 위해서는 기본적으로 사업자등록이 필요하다.
온라인으로 제품을 판매할 경우라면 통신판매업신고도 해야 한다.
누구에게나 법적 신고와 절차는 번거롭게 느껴지지만 창업의
첫 단계인 만큼 꼼꼼히 챙기자.

사업자등록 절차
사업을 시작한 날부터 20일 이내에 서류를 준비해 관할세무서를 방문해 신청하면 된다.
사업 개시 전에도 가능하다. 신청서에 본인이 직접 서명해야 하고 대리인 신청도 가능하나
위임자의 신분증을 지참하고 위임자(사업자 본인)와 대리인의 인적사항을 모두 기재해야
하는 번거로움이 따른다. 공동 창업의 경우 사업자등록은 둘 중 한 명의 명의로 신청해야
한다. 비용은 무료이고 신청일로부터 3일 이내에 발급된다.

> **사업자등록에 필요한 준비물**
> 사업자등록 신청서, 임대차계약서 사본(사업장을 임차한 경우)이나 등기부등본(집에서
> 창업하는 경우), 임대인 주민등록번호, 허가신고증, 인감, 본인 신분증

통신판매업신고 절차

블로그, 페이스북을 포함해 온라인 사이트에서 제품을 판매하려면 통신판매업신고를 해야 한다. 오프라인 숍이 없더라도 통신판매업신고를 하기 위해서는 사업자등록을 먼저 해두어야 한다. 사업자등록증 없이는 통신판매업신고가 불가능하기 때문이다. 비용은 일반 과세자의 경우 4만 5천 원, 간이 과세자는 무료이며 신청 후 3일이면 처리가 완료된다.

> 통신판매업신고에 필요한 준비물
> 사업자등록증, 사이트 도메인, 기업 주거래 통장, 구매안전이용서비스 이용확인증(에스크로이체 확인증), 신분증, 통신판매업 신고서

등록 및 신고 전 궁금증 해결하기

1. 사업자등록은 꼭 해야 할까? — 영업, 즉 상거래를 하는 경우라면 사업자등록을 하는 것이 원칙이다. 취미 수준으로 플리마켓에 나갈 때라면 몰라도 일정 수입이 꾸준히 들어오기 시작한다면 이후에 오프라인 숍이나 온라인 쇼핑몰을 본격적으로 준비할 때를 대비하며 미리 등록해두자. 사업자등록을 했다고 해서 무조건 세금을 내는 것은 아니다. 수익이 발생해야 하고 신고한 매출에 따라 세율도 다르게 매겨진다.

2. 블로그나 페이스북 등 SNS를 통해 물건을 팔아도 괜찮을까? — 블로그나 페이스북을 통해 상품 홍보를 하는 건 당연하지만 판매 채널로 활용해 고정적인 매출이 발생한다면 통신판매업신고(사업자등록 포함)를 해야 한다. 통신판매업의 경우 6개월간 매출이 600만 원 이하거나 거래가 10건 이하면 신고 면제가 가능하지만 취재한 수공예숍 오너들은 한 번만 신고해두면 떳떳하게 거래할 수 있으니 미루지 말라고 당부했다. 누군가 신고할 경우 벌금(영업정지 15일 이상 혹은 벌금 최고 3천만 원)을 낼 수도 있고 매달 매출이 면제 범위인가를 따지는 것이 통신판매업신고를 하는 것보다 훨씬 번거롭기 때문이다. 또 고객에게 신뢰감을 주는 기본 요소이기도 하다. 특히 식품(잼, 쿠키, 케이크 등)을 판매한다면 다른 업종에 비해 법적 규제가 무척 까다로우니 더 신경 써야 한다.

LESSON 8
성공한 수공예숍 오너들의 홍보 노하우

'열심히만 하면 남들이 알아주겠지' 하는 기대는 호랑이 담배 피우던 시절에나 가능했다. 일 잘하는 사람보다 자기 홍보 잘하는 사람이 출세도 빠르다는 법칙은 브랜드에도 적용된다. 기업들이 홍보에 막대한 돈을 들이고 담당 부서를 따로 두는 것도 이 때문이다. 주머니가 가벼워 직접 홍보맨이 되어야 했던 수공예숍 오너들의 홍보 노하우를 모았다.

부지런함으로 승부하는 온라인 홍보 방법

1. 내 브랜드를 상위 노출시키는 방법, 블로그 최적화 — 블로그를 포털 사이트에서 상위 노출 시키는 방법으로 파워 블로거나 브랜드 홍보 담당자들이 많이 이용한다. 우선 블로그는 오래된 것일수록 좋다. 바로 활동을 시작하지 않아도 일단 만들어놓는다. 처음부터 상업적인 글을 올리지 말고 사람들에게 공감을 얻을 수 있는 글들로 채운다. 꾸준한 것은 기본, 정보가 있는 내용이면 더 좋다. 예를 들어 맛집이나 살림 팁 등. 태그를 달아 연관 검색에도 노출될 수 있게 한다. 이웃들을 방문해 댓글을 달며 관심을 표현하는 것도 좋다. 두 달 정도 50개 이상의 글을 꾸준히 올리면 실적에 따라 포털사이트에서 검색 시 상위 노출된다. 부지런한 사람만이 할 수 있는 방법이다.

2. 파워 블로거의 인기를 활용한다 — 블로그를 통해 남들이 어떤 물건을 쓰고 어디에 가는지 염탐하는 사람들이 많다. '그 물건 어디에서 구입하셨어요?'라는 댓글도 심심치 않게 볼 수 있다. 많은 브랜드들이 관련 분야의 파워 블로거를 활용하는 것도 이 때문이다. 내 주변에도 있을 법한 사람이 자신의 경험을 바탕으로 제품을 소개하니 신뢰가 간다. 따라하고 싶은 라이프스타일을 가진 파워 블로거를 눈여겨보자. 그리고 용기 있게 자신이 만든 제품을 보내 홍보를 부탁하자.

3. SNS 특징에 맞게 홍보한다 — SNS는 소상공인이나 1인 기업인들에게 가장 인기 있는 홍보 수단이다. 저렴한 비용으로 큰 파급 효과를 볼 수 있어 브랜드 인지도를 높이는 데 톡톡한 역할을 한다. 최근 인기 있는 SNS는 페이스북, 인스타그램, 카카오스토리이다.

페이스북은 친구들에게 정보를 쉽게 공유할 수 있고, 인스타그램은 검색을 통해 장소, 브랜드, 특정 분야에 대한 이미지와 정보를 빨리 찾을 수 있다. 카카오스토리는 서로 연락처를 알고 있는 지인들을 중심으로 활동하는 커뮤니케이션 수단으로 특히 주부들 사이에서 인기다. 브랜드의 일관된 이미지 관리를 위해 확실한 콘셉트를 설정하고 각 SNS를 운영하자.

발로 뛰는 오프라인 홍보 방법

1. 편집매장을 홍보관으로 활용한다 — 편집매장 입점은 홍보는 물론 판매율도 높일 수 있는 방법이다. 주로 소비자와 직접 만나볼 기회가 적은 온라인 숍 브랜드가 편집매장 입점을 선호하지만 매장을 가지고 있는 브랜드라도 더 많은 지역의 소비자와 만나기 위해 입점할 수 있다. 편집매장 입점을 바란다면 자신의 상품이 판매될 공간에 대해 완벽히 이해해야 한다. 편집매장은 다양한 브랜드의 여러 상품을 판매하므로 다른 상품과 함께 두었을 때 서로 시너지 효과를 일으키는 제품을 선호한다. 여러 편집매장을 직접 방문해보자. 가격대와 타깃을 분석해보면 자신의 브랜드가 빛을 발할 수 있는 공간을 찾을 수 있다.

2. 플리마켓에서 데뷔한다 — 플리마켓은 다양한 연령대와 취향을 가진 소비자를 직접 대면할 수 있는 자리다. 종종 플리마켓을 통해 브랜드를 론칭하고 편집매장에 입점된 사례도 있다. 특히 세종예술시장 소소나 우사단길 계단장같이 개성 있는 젊은이들이 모이는 플리마켓은 단순히 물건을 사고파는 자리를 넘어 비슷한 삶의 가치를 공유할 수 있는 동료를 만나는 곳이다. 네이버 블로그 플리마켓커뮤니티(cafe.naver.com/pandamarket)와 페이스북 플리마켓이야기(www.facebook.com/fleamarketstory) 등을 통해 정보를 얻을 수 있다. 수공예품, 먹을거리, 패션 등 플리마켓에 따라 특화된 분야가 있으니 시장의 성격을 미리 파악해두는 것이 좋다.

3. 박람회에 참여한다 — 박람회는 플리마켓이나 편집매장처럼 지나가다 들르는 곳이 아니라 뚜렷한 목적을 가진 사람들이 찾는 곳이라 공예, 디자인, 유통 업체, 미디어 등의 관계자를 만날 기회가 높다. 무엇보다 관람객에게 제품에 대한 피드백을 바로 들을 수 있는 것이 가장 큰 수확이다. 수공예 분야의 유명한 박람회로는 서울리빙디자인페어, 홈테이블데코페어, 서울디자인페스티벌, 국제공예트렌드페어, 서울국제핸드메이드페어 등이 있다. 판매가 목적이라면 서울리빙디자인페어와 홈테이블테코페어를, 전문 업체 관계자나 유통에 관심 있다면 서울디자인페스티벌, 서울국제핸드메이드페어 등을 추천한다. 박람회마다 초대 작가전 등 무료로 참여할 수 있는 방법이 있으니 참고하자.

LESSON 9
플리마켓 판매 VS 편집매장 입점 판매

플리마켓과 편집매장은 자신의 매장 없이도 제품을 소개할 수 있는 대표적인 유통 채널로 최근 몇 년 사이에 부쩍 많아졌다. 봄부터 가을까지 주말에는 서울 이곳저곳에서 쉽게 플리마켓을 만날 수 있고, 체인점 형태부터 주인의 취향이 고스란히 녹아 있는 소규모 가게까지 다양한 형태와 크기의 편집매장이 있다. 취재한 수공예숍들 중 플리마켓에 참여하는 곳이 있는가하면 편집매장 입점만 노리는 곳도 있고, 자신의 매장 외에선 일절 제품 판매를 안 하는 곳도 있었다. 플리마켓과 편집매장 판매의 장단점을 따져보고 자신의 제품에 적합한 판로라는 판단이 선다면 적절히 활용해보자.

플리마켓 판매의 장점

1. 수공예품의 가치를 인정받는다 — 플리마켓은 '사람의 손으로 만든 물건'에 대한 니즈로 가득한 곳이다. 저렴한 제품이 대량으로 쏟아져 나오는 세상에서 손으로 시간을 들여 만들었다는 이유만으로 후한 관심을 받을 수 있는 몇 안 되는 곳이다.

2. 플리마켓 스타가 되면 입소문이 난다 — 준비해간 분량이 빨리 '완판'되면 다른 플리마켓에도 입소문이 난다. 그렇게 알음알음 찾아오는 단골까지 생기면 판매하는 재미와 보람을 동시에 느낄 수 있다.

3. 다른 판매자를 만나는 장이 된다 — 판매자로 참여한 여러 사람과 만나 교류할 수 있다. 플리마켓에 관한 정보를 얻거나 제품 판로 개척, 시장 상황뿐 아니라 협업 프로젝트의 기회도 만들 수 있다.

플리마켓 판매의 단점

1. 하루 장사치들이 많다 — 수공예 브랜드의 자부심을 갖고 임하기보다 '하루 장사'만 생각하고 오는 판매자도 많다. 이들은 자신의 브랜드를 알리기보다 당일 판매량만 생각하기에 플리마켓의 질을 떨어뜨리거나 방문객들에게 다시 가고 싶지 않다는 부정적인 이미지를 남길 수도 있다. 별도의 오프라인이나 온라인 공간이 있는 수공예 브랜드라면 이런 단점을 고려해 적절히 참여하는 게 좋다.

2. 체력 소모가 크다 — 현장에서 판매, 영업, 정산을 끊임없이 해야 하므로 체력 소모가 상당하다. 어느 정도 상품성을 검증받았다면 플리마켓에 나가는 횟수를 줄이고 좀 더 안정적인 채널에서 판매하는 데 집중하자.

편집매장 판매의 장점

1. 유동인구가 많은 곳에 있어 마케팅 효과가 크다 — 신사동, 홍대 등 소품을 판매하는 편집매장들은 대부분 유동인구가 많은 곳에 자리 잡고 있다. 오가는 사람이 많아 별도의 비용 없이 마케팅 효과를 톡톡히 볼 수 있다.

2. 동네별 상권 분석을 할 수 있다 — 여러 편집매장에 입점하다 보면 편집매장이 위치한 동네마다 잘 나가는 제품이 다르단 사실을 알게 된다. 명확한 타기팅을 위한 좋은 참고자료를 얻을 수 있는 셈이다. 홍대나 신촌, 연희동 등 대학가 근처에 있는 강북의 편집매장에선 가격대가 저렴한 제품이 잘 팔리고 가로수길, 청담동 등 강남 지역은 고가여도 제품의 품질이 만족스러우면 지갑을 연다.

편집매장 판매의 단점

1. 위탁 판매 수수료가 비싸다 — 편집매장은 주로 위탁 판매 형태를 띠고 있다. 이는 제품을 맡기고 팔리는 개수만큼 값을 정산 받는 방식인데 수수료가 제품 값의 30~40%에 달한다. 이 값을 제하고 나면 남는 것은 얼마 되지 않는다. 편집매장 입점을 염두에 두고 있다면 애초에 가격을 책정할 때 수수료를 고려하는 게 좋다.

2. 입점 후 관리에 손이 많이 간다 — 소규모로 운영하는 편집매장은 직원이 많지 않은 탓에 입점 브랜드가 스스로 재고관리, 물건 입고, 상품 진열을 하도록 유도하는 편이다. 또한 모든 제품이 좋은 위치에 놓이는 것도 아니다. 무분별하게 입점 매장을 늘리기보다 주요 매장 몇 군데만 입점하고 제품관리를 더욱 철저히 하자.

EPILOGUE

나도 한번 시작해볼까?

유치원에 들어가기도 전인 아주 어릴 적, 할머니께 손바느질과 뜨개질을 배웠습니다. 인형에게 입힐 옷과 이불, 베개는 사지 말고 직접 만들어서 놀라는 뜻이었지요. 그때부터인 것 같습니다. 공장에서 찍어낸 물건보다 손으로 직접 만든 물건에 애착이 가고, 소소한 것들은 시간이 다소 오래 걸리더라도 직접 만들어 사용하는 것이 더 자연스럽습니다. 내가 만든 것을 선물하는 재미도 있습니다. 만드는 일이 좋아 공예까지 전공했지만, 정작 그것을 팔아보겠다는 생각은 못 해본 것 같습니다.

   이 책을 시작하며 바쁜 직장생활을 핑계로 잠시 놓았던 손을 다시 움직이기 시작했습니다. 수공예숍 오너들이 브랜드를 시작했을 때의 감정을 조금이나마 공감해보고 싶었습니다. 그들의 성공 노하우를 제 것으로 만들어보겠다는 야무진 생각도 있었습니다. 하지만 이내 손재주가 조금 있다는 것만으로, 만드는 것을 좋아한다는 이유만으로 시작한다면 버틸 수 없을 것이라는 오너들의 조언이 어떤 의미였는지 실감할 수 있었습니다.

   이 책에 소개된 수공예품을 보면 '나도 할 수 있겠다'는 생각이 들 겁니다. 하지만 단순히 취미를 넘어 브랜드로 성장한 이들의 이야기에 주목한다면 전혀 쉬운 일이 아니라는 것도 알게 될 겁니다. 그 사실을 알고도 손재주 하나로 밥벌이를 하고 싶은 분들에게 이 책이 희망적인 안내서가 되길 바랍니다. 그리고 좀 더 많은 사람들이 수공예의 매력을 알아주면 좋겠습니다.

박은영

뭐 해 먹고살지?

대학을 졸업한 지 5년이 훌쩍 넘었습니다. 꾸준히 회사에 다니며 일했다면 대리급 이상이겠죠. '세상의 모든 일은 대리가 한다'의 바로 '그 대리' 말입니다. 위아래로 치이고 야근에 철야까지 한 뒤 택시를 타고 집에 가면서 그 대리는 한번쯤 생각합니다. 이대로 괜찮은가? 그만두면 뭐 해 먹고살지?

 어려서부터 손재주 있다는 말을 제법 듣고 자랐습니다. 가정 과목 실습 시간에 손바느질로 파우치를 만들었는데 반에서 유일하게 만점을 받았고, 제과수업을 들을 때는 손작업 과정마다 매번 잘한다는 칭찬을 들었습니다. 크게 애쓰지 않아도 평균 이상은 하는 편이라 뭐든 손으로 만드는 일은 가리지 않고 좋아합니다. 다니던 회사를 그만두고, 소속 없는 프리랜서 생활을 하던 중 이 책의 취재를 시작하게 되었습니다. 정말 손재주 하나로 밥벌이를 할 수 있는지 궁금한 마음을, 여차하면 나도 한번 해봐야겠다는 마음을 품은 채로요.

 네, 손재주 하나로 밥벌이가 가능하더군요. 그리고 수공예숍의 오너가 되자면 무엇보다 용기와 믿음이 가장 필요하다는 걸 알게 되었습니다. 주저 없이 시작할 수 있는 용기, 힘들어도 버텨낼 수 있다는 나 자신에 대한 믿음. 이 두 가지만 확실하다면 지금이야말로 수공예숍을 해볼 만한 적기입니다.

 이 책을 읽고, 잊고, 다시 '그 대리'로 돌아가도 괜찮습니다. 결국 내게는 월급쟁이가 맞는다는 걸 깨닫고 회사생활을 더 열심히 하게 되는 계기가 될 수도 있겠죠. 그래도 좋습니다. 창업은 정말 만만치 않으니까요. 그러다 가끔 야근하고 돌아와 울컥하는 평일 밤, 얼굴만 보면 '호작질'을 도모하는 친구들을 만나는 주말 낮에 이 책이 생각났으면 합니다. 잠시 잊고 살았던 자신의 손재주를 꺼내어 즐겁게 먹고사는 데 도움이 된다면 좋겠습니다.

신정원